CONCEPTOS JURÍDICOS INDETERMINADOS EN EL ORDENAMIENTO ADMINISTRATIVO

REVISIÓN JUDICIAL

ESTUDIOS JURÍDICOS
97

DOMINGO JUAN SESIN

CONCEPTOS JURÍDICOS INDETERMINADOS EN EL ORDENAMIENTO ADMINISTRATIVO

REVISIÓN JUDICIAL

Ediciones Universidad
Salamanca

ESTUDIOS JURÍDICOS, 97

©

Ediciones Universidad de Salamanca
y Domingo Juan Sesin

1ª edición: noviembre, 2025
ISBN (impreso): 978-84-1311-900-7 / DL: S. 391-2025
ISBN (PDF): 978-84-1311-901-4
ISBN (ePub): 978-84-1311-902-1

Ediciones Universidad de Salamanca
https://www.eusal.es

Maquetación (impreso y digital) e impresión:
Gráficas Lope
www.graficaslope.com

Consejo técnico:
Mª. Isabel de Páiz (Ediciones Universidad de Salamanca)

Hecho en la Unión Europea-Made in EU

La colección Estudios Jurídicos de Ediciones Universidad de Salamanca
está acreditada con el sello de calidad CEA-APQ en reconocimiento a su calidad científica y editorial.
El sello, promovido por la Unión de Editoriales Universitarias Españolas (UNE),
está avalado por ANECA y FECYT.

SESIN, Domingo Juan, autor
Conceptos jurídicos indeterminados en el ordenamiento administrativo : revisión judicial / Domingo
Juan Sesin.—1ª edición: noviembre, 2025.— Salamanca : Ediciones Universidad de Salamanca, [2025]
184 páginas.—(Estudios jurídicos ; 97)
DL S 391-2025.—ISBN 978-84-1311-900-7 (impreso).— ISBN 978-84-1311-901-4 (PDF).—
ISBN 978-84-1311-902-1 (ePub)
1. Control jurisdiccional de la administración.
351.9

Índice

Introducción 11

Capítulo 1. Discrecionalidad y revisión judicial 13

  I. La función administrativa sujeta a la ley y el Derecho 13

  II. Nuevos requisitos del acto administrativo y control judicial de juridicidad 13

  III. Concepto de discrecionalidad y control judicial 14

  IV. El juez debe controlar la discrecionalidad 15

  V. Cómo detectar la presencia de discrecionalidad 17

    1. La importancia de su identificación 17

    2. Los tres aspectos que deben observarse 18

    3. Análisis del ordenamiento expreso e implícito 19

    4. La locución «podrá» 20

    5. La propia naturaleza de la problemática a dilucidar 21

Capítulo 2. Discrecionalidad técnica 23

  I. Origen de la discrecionalidad técnica. Marco circunstancial 23

  II. Discrecionalidad técnica diferente a la discrecionalidad pura 24

    1. Hecho simple y hecho complejo 24

    2. Hecho simple y hecho técnicamente apreciable en relación al interés público 25

    3. Hecho opinable ajeno a la valoración de interés público 25

    4. La falta de control judicial como rasgo dominante 26

  III. Discrecionalidad técnica como especie de discrecionalidad pura 27

  IV. Poder de valoración técnica reservado a la administración 28

  V. Contradicción de la discrecionalidad técnica 29

    1. Falsa concertación de nociones diversas 29

    2. Repercusión procesal de la discrecionalidad técnica 32

    3. Hasta dónde llega el control judicial de la llamada discrecionalidad técnica 35

Capítulo 3. Teoría de los conceptos jurídicos indeterminados. Revisión judicial y razón de una nueva concepción 41

    I. Imprecisión de los conceptos y origen de la teoría 41

    II. Diferencia cualitativa entre concepto jurídico indeterminado y discrecionalidad 43

    III. Diferencia cuantitativa entre conceptos jurídicos indeterminados y determinados 44

    IV. Debilidad de la teoría: el margen de apreciación 45

    V. La correcta interpretación de los conceptos jurídicos indeterminados y el límite de la revisión judicial 49

    VI. Tres variantes de conceptos jurídicos indeterminados 55

    VII. Diferencias con los conceptos jurídicos indeterminados de otras ramas del Derecho 57

Capítulo 4. Revisión judicial de las técnicas ciertas, tolerables, opinables y complejas 63

    I. La ciencia no suministra verdades absolutas 63

    II. Estado actual de la jurisprudencia. Necesidad de una visión correctiva 64

    III. El control judicial de reglas de universal consenso: técnicas, científicas, de experiencia, estándares jurídicos 69

    IV. Cuando es posible elegir entre varias alternativas hay discrecionalidad 73

    V. El control judicial de los juicios tolerables. Los casos límites complejos 74

        1. El equilibrado alcance del control judicial 74

        2. Juicios pedagógicos, concursos e idoneidad 79

        3. Estrategia práctica a seguir 92

        4. Oferta más conveniente. Mecanismos de selección del contratista... 98

        5. Juicios médicos 106

        6. Ruina de la obra y pérdida de funcionalidad 108

        7. Reajuste o aumento tarifario 109

Capítulo 5. Control judicial intenso y menos intenso 113

 I. Control judicial fuerte y débil 113

 II. Requisitos y vicios de los juicios subsumibles en reglas ciertas o
     tolerables 118

 III. Calificación obligatoria de los juicios por el profesional de la admi-
      nistración o el perito judicial 118

 IV. Necesidad de una previsión normativa en los códigos procesales
     administrativos y leyes de procedimiento 119

Capítulo 6. Diverso rol del juez y de la administración frente al ordenamien-
to jurídico 121

 I. Interpretación e integración del orden jurídico por el juez y el admi-
    nistrador 121

   1. El ordenamiento utiliza conceptos abiertos que han de ser
      rellenados por sus destinatarios 121

   2. El juez dice el Derecho; la administración actúa 123

   3. El juez sólo interpreta el derecho; la Administración lo interpreta
      y a veces lo crea 125

   4. La discrecionalidad del juez no existe 126

   5. El juez no es un *dominus* de la sociedad. Equilibrio 128

   6. Discrecionalidad. Ponderación. Proporcionalidad. Posible rol de
      la justicia constitucional 130

 II. Relatividad de la interpretación, discrecionalidad y límites del con-
     trol judicial 162

   1. Es a veces difícil deducir una interpretación única 162

   2. La unicidad de solución justa de la metodología interpretativa
      judicial no siempre es trasladable a la realidad administrativa 165

   3. La interpretación extensiva que conculca el núcleo discrecional ... 168

   4. A modo de conclusión 168

Referencias 171

Índice onomástico 181

Introducción

El principio de juridicidad de la Administración no estaría garantizado sin un control judicial adecuado del actuar administrativo dentro de los límites correspondientes.

Es fundamental fortalecer la consolidación de la democracia, la tutela efectiva de los derechos de los ciudadanos y la seguridad jurídica, donde la independencia de la justicia y de los jueces de la república, neutrales y únicamente subordinados al orden jurídico, sean los verdaderos garantes del Estado de derecho y del perfeccionamiento de la democracia.

Como es sabido, los jueces son los guardianes de la soberanía popular y de la supremacía constitucional, y, por tanto, los custodios de los derechos reconocidos, las garantías establecidas y los poderes democráticamente constituidos. Los jueces representan la justicia como valor, como virtud republicana, en cuyo nombre ejercen la función judicial. Esta tarea exige una vocación particular cuya realización plena demanda prudencia, austeridad, mesura y una profunda conciencia de la responsabilidad, más allá de lo que otras funciones puedan requerir.

No obstante, este mayor control debe respetar la división de poderes, evitando tanto un «gobierno de jueces» como la invasión de la esencia de la discrecionalidad administrativa, siempre que esta se ajuste al orden jurídico. El propósito de esta obra es delimitar, de manera concreta y práctica, la intensidad del control judicial frente a la indeterminación del orden jurídico, que puede manifestarse en normas disyuntivas o incompletas, referencias a conceptos técnicos o lógicos, valores, experiencias y contenidos explícitos o implícitos. El análisis teórico no basta; es necesario proporcionar respuestas concretas a quienes tienen la responsabilidad de precisar en la práctica cuándo el control debe ser total o menos intenso, respetando la división de poderes y el ámbito reservado a la Administración.

Vale la pena intentarlo. La justa paz de la comunidad bien lo merece, aunque el resultado sea solo un pequeño aporte.

Capítulo 1
Discrecionalidad y revisión judicial

I. LA FUNCIÓN ADMINISTRATIVA SUJETA A LA LEY Y EL DERECHO

Las reformas introducidas por el sistema constitucional comparado, como la Ley Fundamental de Bonn (art. 20 ap. 3§), la Constitución Italiana de 1948 (art. 97) y la Constitución Española (arts. 9.2 y 103.1), expresan que la actuación de la Administración Pública hoy no solo se sujeta a la ley sino también al derecho. Lo mismo ocurre con la reforma constitucional argentina y numerosas constituciones provinciales que como la de Córdoba subordinan la Administración al «orden jurídico» (art. 174). Su efecto práctico es que se otorga significativa importancia a los principios generales del derecho, los cuales junto a la ley pasan a constituir el marco de juridicidad que sirve como fuente de la actividad administrativa.

Actuar dentro del orden jurídico para satisfacer el interés público, no es lo mismo que aplicar automática o ciegamente el contenido de la norma por cuanto debe tenerse presente el ordenamiento entero en el cual se inserta y adquiere su verdadero sentido.

II. NUEVOS REQUISITOS DEL ACTO ADMINISTRATIVO Y CONTROL JUDICIAL DE JURIDICIDAD

En lugar de requisitos de legitimidad del acto administrativo debemos hablar de requisitos de juridicidad y consecuentemente de control de juridicidad: su razón es que la terminología actualmente en uso «legitimidad» o «legalidad» podría entenderse prima facie demasiado apegada a la ley, olvidando de tal forma que la Administración moderna debe someterse a un contexto mucho más amplio (Comadira, 2000a; 2003, p. 493 y ss.; Coviello, 1996). De tal manera también son elementos que hacen a la juridicidad del acto la buena fe, la confianza legítima, la igualdad, la proporcionalidad, la razonabilidad, y sus vicios, la desviación de poder, la falsedad en los hechos, la ilogicidad manifiesta, el error manifiesto de apreciación, la arbitrariedad, la irrazonabilidad, entre otros.

En consecuencia, con el control de juridicidad, la estrategia o metodología judicial no debe construir su silogismo lógico jurídico sobre la base solo de la ley, sino revisar el acto con un criterio amplio de adecuación a la unicidad del orden jurídico.

III. CONCEPTO DE DISCRECIONALIDAD Y CONTROL JUDICIAL

En este marco, la discrecionalidad queda atrapada dentro de la juridicidad de donde proviene en forma expresa o implícita. Es decir que no se desarrolla fuera del derecho, tampoco deviene sólo de la norma legal, sino que actúa en los estamentos administrativos más diversos y en mayor o menor porcentaje en toda la pirámide normativa.

Siguiendo las ilustradas orientaciones contemporáneas, en mi opinión la discrecionalidad puede definirse como «una modalidad de ejercicio que el orden jurídico expresa o implícitamente confiere a quien desempeña la función administrativa para que, mediante una apreciación subjetiva del interés público comprometido, complete creativamente el ordenamiento en su concreción práctica, seleccionando una alternativa entre varias igualmente válidas para el derecho». Su cometido trascendente es agregar un elemento nuevo a ese ordenamiento.

Comadira entiende que se configura la discrecionalidad cuando una norma jurídica confiere a la Administración Pública, en tanto gestora directa e inmediata del Bien Común, potestad para determinar con libertad el supuesto de hecho o antecedente normativo y/o para elegir, también libremente, tanto la posibilidad de actuar, o no, como de fijar, en su caso, el contenido de su accionar (consecuente) todo dentro de los límites impuestos por los principios generales del derecho (Comadira, 2003, p. 507).

Si actualmente forma parte del orden jurídico, el control judicial debe revisar si efectivamente ha sido correctamente ejercida «dentro» de ese universo jurídico. Esto no implica revisar su esencia (selección de una alternativa entre otras igualmente válidas) sino solo su contorno externo e inserción en el sistema ordinamental. El control de los jueces termina al comprobar con el fondo de la cuestión que se ha elegido una solución correcta entre otras de igual condición dentro del mundo jurídico. Por ello en lugar de hablar de técnicas de control de la discrecionalidad se debería hablar de técnicas de control de su «ejercicio» (Sesin, 1994, p. 287). Como dice Cassagne «...la discrecionalidad administrativa no configura un ámbito libre del control judicial ni tampoco puede desvincularse del ordenamiento como figura desprovista de juridicidad...» (Cassagne, 2003, pp. 107-108 y 2021, p. 647 y ss.; Buteler, 2016, p. 19 y ss.; Sammartino, 2012, p. 19; Altamira Gigena, 2019, pp. 27 y 28).

IV. EL JUEZ DEBE CONTROLAR LA DISCRECIONALIDAD

Originalmente la discrecionalidad era contemplada desde una perspectiva eminentemente procesal. Siempre fue vinculada con la exclusión del control judicial. Su individualización era de suma trascendencia para detectar que al estar en presencia de la actividad libre o no regulada lo resuelto por la Administración era irrevisable. Se consideraba que no había discrecionalidad cuando existía un derecho preestablecido a favor del particular.

La consecuencia práctica inmediata de este devenir histórico fue la identificación entre lo reglado y el derecho subjetivo administrativo, mientras que lo discrecional se asimilaba con la falta de predeterminación legal o vació legislativo.

Sobre estas premisas se elaboraron los presupuestos liminares de lo contencioso administrativo, cuya materia se individualiza a partir de la vulneración de una situación jurídico subjetiva, tutelada por una norma jurídica establecida con anterioridad a favor del impugnante. Era la actividad reglada, entonces, la que sólo podía ser objeto del control jurisdiccional. En sus orígenes bastaba que el acto administrativo tuviera un mínimum de discrecionalidad para convertirlo en acto discrecional y consecuentemente excluirlo del control judicial. Se rechaza *in limine*, decían los primeros códigos de la materia.

En una segunda etapa fue el Consejo de Estado Francés el que comenzó a incursionar los límites de la discrecionalidad y en general después en nuestro país comienza a rechazarse la excepción de incompetencia de jurisdicción cuando se discuten vicios en la competencia, forma, procedimiento y fin, aún derivados del ejercicio de potestades discrecionales.

De allí que los códigos que comenzaron a surgir a partir de los años 70 hasta nuestros días, sólo excluyen del control jurisdiccional la parte discrecional del acto. Ya no se habla de acto discrecional o acto reglado ya que los tiempos modernos reconocen sólo la presencia de actos administrativos cuyos elementos constitutivos pueden tener mayor o menor discrecionalidad.

En definitiva, los códigos actuales, si bien no hablan de acto discrecional, sin embargo, establecen que no son impugnables los actos dictados en ejercicio de facultades discrecionales, salvo que se funden en razones de ilegitimidad. Ergo, dicha facultad bien puede ser motivo de inadmisibilidad.

En mi criterio, ni siquiera esa porción de discrecionalidad puede ser motivo de inadmisibilidad en la primera etapa del proceso, de oficio por el Tribunal como al momento de resolver la excepción de previo y especial pronunciamiento. Propongo la inauguración de una tercera etapa en donde la discrecionalidad no es motivo de exclusión ni comporta un requisito procesal. Es decir que no puede dar lugar a una excepción de previo y especial pronunciamiento que pudiera justificar la inadmisibilidad.

En efecto, la discrecionalidad debe ser tratada como un *posterius* recién al momento de la sentencia con el fondo de la cuestión.

Si ella forma parte del orden jurídico de donde proviene en forma expresa o implícita, es indudable que no se desarrolla fuera del Derecho, tampoco deviene sólo de la norma legal, sino que actúa en los estamentos administrativos más diversos y en mayor o menor porcentaje en toda la pirámide normativa.

Si actualmente forma parte del orden jurídico, el control judicial debe revisar si efectivamente ha sido correctamente ejercida dentro de ese universo jurídico. Esto no implica revisar su esencia (selección de una alternativa entre otras igualmente válidas) sino sólo su contorno externo e inserción en el sistema ordinamental. El control de los jueces termina al comprobar con el fondo de la cuestión que se ha elegido una solución correcta entre otras de igual condición dentro del mundo jurídico. Por ello en lugar de hablar de técnicas de control de la discrecionalidad se debería hablar de técnicas de control de su ejercicio (Sesin, 1994, p. 287).

Esta interpretación pretende llegar a una vinculación absoluta de la discrecionalidad con el fondo de la cuestión, a partir de la cual quede claro que jamás puede haber inadmisibilidad de la discrecionalidad como *prius* ni como *posterius*. Tampoco improcedencia al final del proceso, sino en todo caso desestimación de la pretensión, al resolverse que la discrecionalidad ejercida es producto del orden jurídico.

También analizando el fondo de la cuestión, en el caso «Guerberoff, Eduardo c/ Prov. de Córdoba» (Sentencia 34/97, jueces: Sesin, Tarditti, Lafranconi) el Tribunal Superior trató la cesantía de un médico porque durante la licencia de dos meses por salud la Administración afirma que trabajó en la actividad privada al haber otorgado un certificado médico. Aquí se discuten las facultades discrecionales de la Administración para apreciar la gravedad de la falta. El Tribunal Superior manifestó que en el ejercicio de la potestad disciplinaria es dable señalar las siguientes etapas: a) la verificación material de los hechos susceptibles de ocasionar la falta disciplinaria; b) el encuadramiento o calificación jurídica; c) la apreciación de la prueba valorando la gravedad de la falta, y d) la elección de la sanción.

Las etapas a) y b) conforman el bloque de lo reglado o vinculado sin posibilidad de que exista una modalidad discrecional. En cambio, en las etapas c) y d) la apreciación de la prueba cuando no existan pautas objetivas para su valoración, y la elección de la sanción entre varias preestablecidas, siempre que el ordenamiento lo autorice, bien pueden consentir el uso de pequeños márgenes de discrecionalidad. No obstante, aún cuanto exista una porción de discrecionalidad cuya valoración y resolución sólo incumbe a la autoridad administrativa, su congruencia e inserción dentro de la juridicidad es objeto de control, más reducido, prudente y razonable, pero control al fin. De todos modos, para declarar la antijuridicidad del acto sancionador la incongruencia debe ser notoria entre los hechos merecedores de castigo y la sanción elegida entre varias posibles.

En el caso sub examine el Tribunal Superior consideró que la graduación de la sanción resultó en la especie excesiva por lo que su irrazonabilidad e incongruencia son evidentes. Los porcentajes de discrecionalidad no han sido ejercidos por la Administración dentro de la juridicidad.

Estos son algunos de los precedentes jurisprudenciales que se ajustan a la revisión del acto administrativo con un criterio amplio, analizando si concuerda o no con el orden jurídico, omnicomprensivo de los principios generales del Derecho ya sea que se encuentren en la Constitución, otras leyes o Códigos, y en los Tratados internacionales que nuestro país ha ratificado.

V. CÓMO DETECTAR LA PRESENCIA DE DISCRECIONALIDAD

1. *La importancia de su identificación*

A veces no es fácil advertir en la praxis administrativa cuándo el orden jurídico autoriza el ejercicio de una facultad discrecional. La importancia de su dilucidación incide en el comportamiento de la organización estatal, en el de quienes asesoran jurídicamente a la Administración y también en el de aquellos que defienden los intereses de los administrados.

En el marco de la Administración, su identificación es relevante para individualizar el ámbito de apreciación volitiva o la libertad condicionada que le corresponde. Ésta es una zona de reserva de su exclusiva incumbencia que es respetada por los otros «poderes» del Estado en el concierto del equilibrio de funciones que es deber de la República garantizar.

Para quien conforma la Administración consultiva, asesorando jurídicamente con el dictamen respectivo, es imperativo explicitar nítidamente cuándo la conducta administrativa está vinculada por la norma y cuándo permite una apreciación discrecional. El asesor jurídico, frente a la discrecionalidad, debe señalar las opciones igualmente válidas para el derecho, sin tomar partido por ninguna porque esta elección sólo compete a quien se desempeña en la Administración activa, esto es, al órgano emisor del acto administrativo respectivo, que concluye el procedimiento de conformación de la voluntad estatal. Al asesor jurídico no le corresponde efectuar en su dictamen valoraciones de mérito, oportunidad o conveniencia, sino sólo de juridicidad. Por más que esté absolutamente compenetrado con la función política de un partido gobernante no debe olvidar que el suyo es el estandarte de la legalidad.

Esto presupone no sólo generar permanentemente conductas correctivas, sino también preventivas, en aras de salvaguardar la responsabilidad de los ocupados gobernantes, quienes muchas veces no tienen tiempo material para el análisis profundo de la totalidad de las cuantiosas resoluciones que a diario deben suscribir.

Quienes asesoran técnicamente, pero desde otras profesiones, como la ingeniería, medicina, arquitectura, geología, etc., deberían seguir el mismo razonamiento que el de los asesores legales, emitiendo opinión sólo desde el punto de vista de su especialidad e indicando cuándo finaliza la técnica y comienza el margen de libertad discrecional que sólo al funcionario decisor compete valorar y resolver.

Distinta es la función de los asesores políticos, que también conforman nuestra realidad administrativa, por cuanto enfocan la cuestión desde una perspectiva diferente, comprometida sectorialmente.

También para el abogado defensor de los derechos e intereses de los administrados es importante detectar el momento discrecional de la resolución administrativa, porque bien sabe que cuando haya sido ejercida con respeto absoluto del orden jurídico autoritativo, su impugnación sólo puede llegar al máximo nivel administrativo que corresponda y que al juez no le compete entrar en la esencia de la discrecionalidad. Distinta es la situación si ésta no ha sido ejercida dentro del orden jurídico, ha violado los límites legales impuestos, o ha incurrido en abusos, en cuyo caso la justiciabilidad de la cuestión no se puede poner en duda.

2. *Los tres aspectos que deben observarse*

Son en general tres los aspectos que hay que observar para detectar la presencia de una atribución discrecional:

a) el análisis del orden jurídico vigente que en el marco de una interpretación contextual autorice una modalidad discrecional;

b) el uso de la locución normativa «podrá» u otras expresiones análogas cuando consientan una libertad de actuación;

c) la naturaleza intrínseca de la problemática a dilucidar.

3. *Análisis del ordenamiento expreso e implícito*

Con relación al punto a, ha señalado la doctrina que sólo del análisis de la estructura lógico-formal de la proposición normativa puede derivar una modalidad discrecional[1]. Sin embargo, no es necesario o imprescindible que surja en forma expresa la atribución precitada; bien puede manifestarse en forma implícita. Así, por ejemplo, cuando en el área del Ministerio de Acción y Solidaridad Social se autoriza a su titular, la promoción y el desarrollo de las acciones tendientes a proteger la familia, asegurando la participación integral de la mujer, o bien la fijación y ejecución de las políticas, programas y proyectos habitacionales para garantizar a los ciudadanos el acceso a una vivienda digna, es indudable que aquí existen grandes porciones de discrecionalidad que surge implícitamente de los amplios conceptos normativos. Lo mismo ocurre cuando en el campo de la Secretaría de la Función Pública se faculta la realización de un permanente estudio de los órganos administrativos tendientes a su mejoramiento y modernización, coordinando y controlando la política de reordenamiento administrativo mediante los sistemas de gestión. La discrecionalidad se pone en movimiento cuando en concreto se elige alguna de las alternativas o caminos válidos para satisfacer tales objetivos o finalidades, dejando que la idoneidad e imaginación de los funcionarios responsables den rienda suelta a la promoción de eficaces soluciones.

También existen modalidades discrecionales que surgen en forma implícita del orden jurídico cuando se crean consejos regionales de promoción y asistencia social para incentivar el desarrollo de comunidades menores, canalizando su accionar en materias de reactivación económica, promoción de fuentes de ocupación, mejoramiento de los niveles de ingreso, protección de la minoridad, promoción de la familia y educación familiar, deportes y recreación social, etc.

Incluso cuando se faculta a la autoridad jerárquica superior a nombrar el personal sin imponerle en forma expresa la obligación de realizar una selección previa, cabe deducir que hay discrecionalidad para nombrar a uno u otro. Lo mismo sucede cuando se dispone el traslado del

---

1. Clara expresión de A. Gallego Anabitarte, en el «Prólogo» a Mozo Seoane (1985, p. 53). Del mismo modo, resulta relevante la remisión a Marienhoff (1987, p. 422 y ss.).

empleado por razones de servicio: si se tiene la atribución de nombrar y remover, implícitamente se puede trasladar al agente.

A veces la norma expresa: cuando el interés público «lo aconseje», «lo estime conveniente», «a juicio de la Administración», «a criterio del órgano competente», «según lo estimase», etc. En estos casos se alude en general a la apreciación volitiva que debe efectuar la Administración y que califica o individualiza el momento discrecional. En estos supuestos se pone en evidencia la presencia de una atribución discrecional. En definitiva, éste es el primer análisis que corresponde: la verificación de si el orden jurídico le atribuye, al órgano de que se trata, competencia para apreciar las diversas soluciones posibles en el seno de la discrecionalidad.

4. La locución «podrá»

Otras veces es la locución «podrá» la que nos brinda la clave para determinar si hay discrecionalidad. Así, por ejemplo, cuando el órgano administrativo «puede elegir» entre los tres primeros postulantes en un concurso.

Esto significa que es potestativo de la Administración elegir el primero, segundo o tercero, siendo todas las posibilidades válidas para el derecho.

Cuando las normativas que regulan la relación de empleo público establecen que «podrá disponerse el reingreso de ex agentes permanentes que hubieran renunciado, en cuyo caso la designación podrá efectuarse en el mismo cargo en que revistaba», significa con la primera locución que la Administración es libre de disponer o no el nuevo nombramiento. Téngase presente que a diferencia de la reincorporación en que al ex agente se le reconoce el derecho a volver al cargo anterior con todos los efectos emergentes por así disponerse judicialmente, en el reingreso o la readmisión no existe un derecho subjetivo al nombramiento sino una simple expectativa, ya que la Administración nada debe, por lo que es facultativo de ésta disponer o no el reingreso. La segunda locución «podrá» implica que la Administración puede elegir entre nombrarlo en la jerarquía inferior, común a todo nuevo nombramiento, o bien en el cargo que anteriormente tenía u otro de nivel equivalente. Aquí la norma postula una modalidad excepcional al autorizar que discrecionalmente la autoridad elija entre la categoría de ingreso o la superior.

Cuando la ley 23696, de Reforma del Estado, dispone en el art. 17 que «las privatizaciones reguladas por esta ley podrán materializarse por alguna de las modalidades que a continuación se señalan o por combinaciones entre ellas, sin que esta enumeración pueda considerarse taxativa», la expresión «podrán» indica la indiscutible presencia de una facultad discrecional, por cuanto incumbe a los organismos de aplicación competentes efectuar la apreciación pertinente, eligiendo alguna de las opciones previstas por la norma para instrumentar la privatización (venta de los activos de las empresas, o de la venta de acciones, locación con o sin opción a compra, administración con o sin opción a compra, concesión, etc.).

No obstante, se debe tener presente que la expresión «podrá» no autoriza siempre una modalidad discrecional, por lo que es recomendable observar permanentemente el contexto en el cual se inserta. Cuando ciertas leyes u ordenanzas del sistema tributario establecen que el órgano competente «podrá» eximir el pago del impuesto en casos de indigencia, esta expresión no autoriza una facultad discrecional porque la indigencia debe ser rigurosamente probada conforme a los condicionamientos impuestos por la misma norma. Es decir, que no hay libertad de la Administración de eximir o no el pago, porque acreditada la carencia de recursos como corresponde, el administrado tiene el derecho a pedir su eximición.

Lo mismo sucede cuando es la Administración la que «puede» autorizar el funcionamiento de una determinada actividad comercial o industrial en caso de que el otorgamiento esté sujeto al cumplimiento de una serie de requisitos previstos. Aquí la locución «podrá» no puede asimilarse a la libertad de otorgar o no la autorización en virtud de una apreciación subjetiva, sino que la opción puede ser positiva o negativa, según se cumpla o no los requisitos reglados.

El «podrá» equivale entonces a un «sí» o a un «no», «autorizar» o «no autorizar», sin que para su dilucidación intervenga elemento discrecional alguno; al contrario, sólo existe una actividad vinculada que ha menester el análisis acreditativo de las exigencias impuestas por la norma para acceder a la concesión de lo requerido.

En definitiva, la expresión «podrá», generalmente, indica una posibilidad de hacer o no hacer, o hacerlo de tal o cual modo, pero existen ocasiones en que el contexto en el cual se incorpora sólo presupone el cumplimiento de una actividad vinculada, razón por la cual no es posible quedarse con el significado aislado del término empleado, sino verificar su sentido que es siempre proporcionado por el contexto.

5. *La propia naturaleza de la problemática a dilucidar*

A veces el *quid* de la cuestión, sin embargo, reside más en la naturaleza de la problemática a dilucidar que en la pura literalidad del concepto: la opinabilidad de una técnica, de una ciencia, de un estándar jurídico o de pauta de convivencia, constituye una realidad que por sí puede generar razonables dudas para optar por una solución u otra. Como se analizará más adelante, es obvio que en tales ámbitos puede existir una indiscutible modalidad discrecional. Para detectarla es necesario repasar los caracteres distintivos de la discrecionalidad, sus presupuestos esenciales y por sobre todo si en verdad existe posibilidad de «elección» entre dos o más indiferentes jurídicos, atento a la naturaleza de las cosas.

Es decir que una vez agotado el análisis de la proposición normativa y de sus principios inmanentes, expresa o implícitamente condensados por el orden jurídico, sin poder distinguir claramente la actividad reglada de la discrecional, la observación de la propia realidad se convierte en el factor gravitante cuando el ordenamiento utiliza fórmulas amplias, imprecisas o difícilmente reconducibles a pautas o reglas objetivables.

En conclusión, tanto el análisis del orden jurídico vigente como la observación de las expresiones gramaticales utilizadas, y la percepción de la naturaleza intrínseca de la actividad, son elementos que conjunta o separadamente según el caso, pueden ser útiles para que en la realidad de nuestro multiforme accionar administrativo se individualice la presencia de una modalidad discrecional.

Capítulo 2
Discrecionalidad técnica

I. ORIGEN DE LA DISCRECIONALIDAD TÉCNICA. MARCO CIRCUNSTANCIAL

Cerulli Irelli (1984, p. 463 y ss.) formula críticas sustantivas a las posturas doctrinales que a principios del siglo XX comenzaron a perfilar la ardua problemática de la discrecionalidad técnica, al expresar

> La noción de discrecionalidad técnica no ha sido jamás teorizada en doctrina de manera satisfactoria, sino que en la obra de los autores más ilustres se la encuentra escondida en los pliegues del discurso como un dato necesario, pero poco profundizado. Un ropaje, como después se ha dicho, destinado a cubrir dificultades reales o prefabricadas cautelosamente para incidir en forma gravitante en el funcionamiento del control de legitimidad.

Las diversas teorías que exponían y resolvían la manera de realizar el control de esta modalidad administrativa han sido generalmente influidas por concepciones políticas determinadas, que no siempre han coincidido con el derecho.

La transformación del Estado liberal en intervencionista y la ampliación del cometido estatal para satisfacer los intereses colectivos con mayor intensidad, perfilaron el tratamiento de la discrecionalidad técnica en sus orígenes. El control judicial era retaceado en favor del estatismo organizacional: la Administración gozaba de mayor libertad en tanto emitía juicios de valor en cada momento de la decisión (Benvenuti, 1986, p. 191).

Nada más ilustrativo para explicitar la evolución del instituto que partir de la doctrina italiana de los primeros años del siglo XX, cuando la aparición de la discrecionalidad técnica se debatía en el marco de la imprecisión normativa, la complejidad de los hechos, la presencia o ausencia de la valoración del interés público, la apreciación de la graduación en más o en menos, las técnicas opinables, etc.

La necesidad de establecer verdaderos límites al control de legitimidad, aunque sólo fuera en teoría, suscitó multiplicidad de posiciones doctrinales que, acudiendo al derecho comparado, la interpretación, la

costumbre, las reglas del proceso o la jurisprudencia, pretendieron delimitar el ámbito de la discrecionalidad técnica y su mayor o menor control.

La separación entre la discrecionalidad técnica y pura, la unificación
en una misma discrecionalidad, la relevancia del mérito o la apreciación
de las reglas extrajurídicas, complementan el panorama en cuyo seno se
gestó esta modalidad administrativa.

Con posterioridad surgió la teoría de los conceptos jurídicos indeterminados que parece tener mayor predicamento en el mundo
contemporáneo, postulando una nueva visión al respecto y niega, en definitiva, la discrecionalidad técnica.

II. DISCRECIONALIDAD TÉCNICA DIFERENTE A LA DISCRECIONALIDAD PURA

1. *Hecho simple y hecho complejo*

La neta separación entre discrecionalidad técnica y pura es sustentada
por Cammeo (1950, p. 131 y ss.; 1902, p. 277 y ss.; 1960, p. 188 y ss.),
quien considera en una primera interpretación que el orden normativo
puede relacionarse con presupuestos fácticos simples y complejos, extra-
ños a la valoración del interés público.

La actividad reglada se vincula con hechos simples, cuando la precisión de la norma no deja dudas sobre el comportamiento administrativo
debido. El otorgamiento de la ciudadanía se inordina en este supuesto, al
detallarse en forma clara los requisitos necesarios para conferirla.

El hecho complejo, en cambio, se relaciona con una norma imprecisa
susceptible de ser explicitada por medio de un procedimiento intelectivo.
La determinación en el caso concreto de lo que es insalubre, inadecuado,
indigno y otros conceptos análogos, caracterizan la discrecionalidad técnica para el autor.

Cuando no existe norma precisa ni imprecisa que regule la actividad
administrativa, la discrecionalidad pura se impone. Conforma una categoría autónoma en cuyo caso la Administración determina libremente la
conducta a seguir; sus actos son jurídicamente irrelevantes y se asimilan
a los del derecho privado.

La precisión, imprecisión o inexistencia de la norma, vinculada con
determinadas situaciones de hecho, es la que individualiza, entonces, la
naturaleza jurídica de la actividad.

Pero, en primer lugar, Cammeo hace radicar el rasgo distintivo característico en el mayor o menor grado de opinabilidad del hecho complejo,
que se resuelve aplicando amplios criterios técnico-administrativos sin
relacionarlos con valoraciones de interés público.

De tal manera, la discrecionalidad técnica implica una valoración técnico-administrativa opuesta a la discrecionalidad pura, que se expresa mediante un procedimiento volitivo.

Esta categórica diferenciación de Cammeo (1950, p. 34) parece empañarse al manifestar que la discrecionalidad técnica presupone tanto un juicio intelectivo objetivo como subjetivo.

Al margen de esto, existe sólo una diferencia de grado entre la actividad vinculada y la discrecionalidad técnica porque en general ambas presuponen un juicio intelectivo; en cambio, con la discrecionalidad pura, la diferencia es sustancial atento a su carácter libre y voluntario.

El criterio técnico-administrativo aplicable para superar la imprecisión de la norma es el deducido de la experiencia común o cultura media.

Se podrá compartir o no esta postura, pero es indudable que ha tenido la virtualidad de plantear por primera vez esta problemática siguiendo una construcción metodología ponderable en la que muchos de sus argumentos tienen plena actualidad.

2. *Hecho simple y hecho técnicamente apreciable en relación al interés público*

Existe una segunda posición de Cammeo que altera su originaria concepción sobre la discrecionalidad técnica (Cammeo, 1950, p. 773 y ss.; 1960, p. 193 y ss.; Marzuoli, 1985, p. 11 y ss.).

La insalubridad, inhabitabilidad, peligrosidad, urgencia, gravedad de la sanción, dejan de ser valorados solamente con un criterio técnico-administrativo. Juntamente con él se tiene en cuenta la mejor satisfacción del fin estatal.

La discrecionalidad técnica importa la valoración de un porcentaje flexible, mayor o menor, sobre la base de la oportunidad, mérito o conveniencia respecto del interés comunitario. Esto no sucede con los hechos simples, ya que su existencia o inexistencia no se relaciona con la variable apreciación del interés público.

Las dos posturas de Cammeo coinciden en la diferenciación de la discrecionalidad pura y la técnica, los hechos simples y los complejos; se distinguen a partir de la valoración de estos últimos: en un caso, sólo se tienen en cuenta criterios técnico-administrativos, en el otro también se atiende al interés público.

3. *Hecho opinable ajeno a la valoración de interés público*

Presutti (1910, p. 153 y ss.), relevante jurista italiano de principios del siglo XX, distingue la discrecionalidad técnica de la pura siguiendo los principios de Cammeo.

La primera, relacionada con la valoración de hechos opinables conforme a genéricas pautas técnico-administrativas que no presuponen apreciación del interés público. La segunda, caracterizada por la absoluta indeterminación normativa que hace imposible toda comparación de la proteica realidad con reglas fijas.

Los hechos complejos se asimilan a una suma de hechos simples, o a uno de ellos compuesto por numerosas modalidades y variantes internas. La valoración jurídica busca reducir estas complejas situaciones fácticas en hechos simples que pueden ser analizados por separado.

La particularidad de la discrecionalidad técnica es la variabilidad de los presupuestos capaces de producir un mayor o menor grado de apreciación. La peligrosidad, por ejemplo, autoriza un más o un menos en la graduación de su naturaleza intrínseca, susceptible de generar la opinabilidad de determinados hechos. Lo mismo sucede con nociones indeterminadas similares.

Superando las posturas parcialmente divergentes de Cammeo, la concepción de Presutti significó un paso adelante en cuanto intentó sistematizar los límites de lo reglado, la discrecionalidad pura y la discrecionalidad técnica.

En ambas teorías se advierte el ánimo de ampliar el momento apreciativo de los órganos administrativos en la conformación de la decisión estatal, ya que, frente a hechos complejos dudosos, si bien se trata afanosamente de buscar pautas objetivas de aplicación, en definitiva, se termina acudiendo a valoraciones subjetivas.

4. *La falta de control judicial como rasgo dominante*

Desde un punto de vista teórico, la distinción entre discrecionalidad pura y técnica significaba afrontar la problemática del control, permitiendo solamente la revisión la última modalidad.

Empero, cuando los autores señalados pretendieron aplicar esta conclusión a los supuestos prácticos propuestos, desdibujaron la viabilidad del control.

La recurrencia al análisis jurisprudencial (Cammeo, 1950, p. 343; Rupp, 1973, p. 1273 y ss.) y el estudio del derecho comparado, en especial de Francia, Prusia y Austria, determinaron la confusión y oscuridad en la materia. No obstante, se admitió la competencia jurisdiccional para verificar la existencia o inexistencia de los hechos, pero no para la apreciación de la graduación en más o en menos de aquellos supuestos en los cuales la indeterminación se ponía en evidencia. En definitiva, esto significaba que la discrecionalidad técnica escapara a todo tipo de fiscalización judicial en su faz operativa.

En la concepción de Presutti (1931, p. 155) la falta de control constituía un residuo histórico del «Estado de policía», a diferencia de lo propuesto por Cammeo, que implícitamente buscaba ensanchar la libertad de los órganos administrativos.

III. DISCRECIONALIDAD TÉCNICA COMO ESPECIE DE DISCRECIONALIDAD PURA

El principal precursor de la doctrina subsiguiente fue Ranelletti (1912, p. 365 y ss.), quien no distingue entre discrecionalidad pura y técnica sino que integra a esta última al género discrecional.

La ausencia o imprecisión normativa continúa caracterizando la discrecionalidad, y se subraya la valoración del interés público como principal particularidad (Vitta, 1948, p. 271 y ss.; Ranelletti, 1912, p. 367 y ss.).

Cuando la actividad administrativa se relaciona con cuestiones técnicas sigue existiendo una valoración del interés público, como en el caso de verificarse la higiene de un comercio. La libertad que tiene la Administración se ejerce mediante la apreciación del mérito, oportunidad y conveniencia. Cuando la actividad administrativa se relaciona con aspectos artísticos, hay mayor imprecisión técnica, y en consecuencia la libertad de la Administración es mayor. Otras veces, la técnica puede tener más precisión; no obstante, la actividad no pasa a ser reglada sino que sigue subsumida en la problemática de la «discrecionalidad técnica administrativa» (La Torre, 1925, p. 140 y ss.; Ranelletti, 1912, p. 369.).

Es obvio que en este último caso la libertad de la Administración es menor, pero de igual modo vinculada con valoraciones de interés público.

De allí que parte de la doctrina italiana hable de apreciación técnica y apreciación del interés público como elementos que pueden relacionarse estrechamente en la realidad administrativa (Jaccarino, 1933, p. 199 y ss.; Codaci Pisanelli, 1940, p. 122 y ss.), sin que por esto deje de existir la discrecionalidad.

La diferencia que se advierte con relación a las teorías de Cammeo y Presutti es la unificación de la discrecionalidad pura y técnica en una misma figura, cuya nota aglutinadora es la apreciación del interés público. Al contrario, todas tienen en común la falta de control efectivo de la discrecionalidad técnica.

IV. PODER DE VALORACIÓN TÉCNICA RESERVADO A LA ADMINISTRACIÓN

Parte de la doctrina sucesiva esgrime que la discrecionalidad técnica, en sentido estricto, implica un «poder de valoración técnica» (Sandulli, 1979, p. 403 y ss.; Daniele, 1967, p. 296 y ss.; Virga, 1957, p. 5 y ss.).

Sandulli (1979, p. 405 y ss.), uno de los principales exponentes de esta postura, sostiene que ella no importa una ponderación de intereses ni la consecuente libertad de elección que caracterizan lo meramente discrecional; incluso, nada tiene que ver con las apreciaciones de interés público.

La discrecionalidad técnica significa, en cambio, valoración de hechos previstos por la norma como presupuestos del obrar estatal sujetos a conocimientos técnicos. Estos últimos abarcan múltiples materias: medicina, economía, estética, agricultura, etc.

Para esta teoría, el juicio respecto de la peligrosidad epidémica de una enfermedad, el valor artístico de una escultura o la fertilidad de un terreno, son fieles ejemplos de discrecionalidad técnica.

Una vez efectuada la valoración, el cauce procedimental se desarrolla en forma vinculada. Es decir, determinada la importancia histórica de una construcción, corresponde la declaración de interés cultural prevista por la norma.

El autor (Sandulli, 1979, p. 404; Obermayer, 1963, p. 1177 y ss.) destaca la presencia de la discrecionalidad técnica cuando es posible la valoración de hechos susceptibles de varios juicios técnicos o científicos; al contrario, si el presupuesto fáctico admite una solución tecnológica unívoca, niega la existencia de esta modalidad.

La comprobación de la graduación alcohólica de una bebida a los efectos de fijar el tributo aduanero, sólo admite un juicio técnico definido, razón por la cual no hay discrecionalidad técnica. Si se comete una irregularidad al efectuarse la referida verificación, el acto está viciado por error: tal circunstancia se enmarca dentro de la ilegitimidad, no del mérito.

Esta conclusión es relevante porque si hay discrecionalidad técnica, la valoración realizada al respecto forma parte del mérito y, consecuentemente, escapa al control jurisdiccional. En cambio, si el hecho sólo admite la aplicación de una regla técnica unívoca, el vicio que puede surgir genera una ilegitimidad, y, como tal, plenamente revisable.

En definitiva, para Sandulli (1979, p. 405) pertenece al mérito tanto lo relativo a la discrecionalidad administrativa cuya esencia es la valoración del interés público, como lo que concierne a la llamada discrecionalidad técnica, cuyas valoraciones repercuten exclusivamente sobre reglas científicas y de buena administración [2].

De tal manera, son cuestiones de mérito, al margen de toda norma jurídica: la adopción de una u otra medida con relación a un edificio en ruina o peligro, la distribución del personal dentro de unidades administrativas según reglas de experiencia, el juicio estético de una obra de arte, la valoración de la preparación de los candidatos a un concurso y otros supuestos análogos.

Para Daniele (1967, p. 299 y ss.), la existencia de discrecionalidad técnica supone la realización de un juicio de valor exclusivamente a cargo de la Administración. Ello implica la presencia de dos condiciones esenciales: la valoración técnica, por un lado, y la norma autoritativa que dispone la competencia reservada a la Administración para efectuar el juicio correspondiente, por otra parte.

Es fácil inferir que para Sandulli y Daniele la discrecionalidad técnica implica un «poder de valoración» asignado a la sola competencia de la Administración.

Si bien ambos autores consagran la autonomía de la discrecionalidad técnica, sin contaminarla con valoraciones de interés público propias de la mera discrecionalidad, no logran demostrarlo acabadamente. En efecto, el margen de la libertad que impregna los juicios técnicos que la primera implica, pone en evidencia la presencia de incuestionables momentos discrecionales puros. Desde luego, si hay discrecionalidad, existe valoración del interés público. De allí la posible contradicción. Estimo entonces que no se diferencia en forma clara y contundente la modalidad discrecional pura, de la técnica.

V. CONTRADICCIÓN DE LA DISCRECIONALIDAD TÉCNICA

1. *Falsa concertación de nociones diversas*

Los autores modernos consideran en general que la «discrecionalidad técnica» expresa nociones inconciliables: lo técnico puede ser acreditado, mientras que lo discrecional es sólo objeto de valoraciones (García Trevijano Fos, 1974, p. 420 y ss.).

Señala Giannini que, si bien la denominación «discrecionalidad técnica» es de uso normal, constituye un error histórico de la doctrina, porque la discrecionalidad implica conjuntamente juicio y voluntad, a diferencia de

2. Estimo insoslayable recordar que en el mismo sentido se pronuncia Amorth (1939, pp. 8 y ss.).

lo técnico, que presupone un momento cognoscitivo y trasunta sólo un juicio. La apreciación discrecional puede efectuarse después. Cuando se comprueba que una sustancia es tóxica, el organismo competente puede elegir discrecionalmente entre prohibir su uso, sacar la mercadería de circulación, aconsejar su destrucción o permitir la utilización con cuidados especiales (Giannini, 1970, p. 488).

En la concepción de este administrativista italiano, una sustancia es tóxica o no: se trata aquí de un juicio de contenido científico que exime a la autoridad de la realización de valoraciones de oportunidad (Giannini, 1970, p. 486).

Afirma Capaccioli (1983, p. 286 y ss.), por su parte, que no existe valoración que sea al mismo tiempo discrecional y técnica porque éstos son términos antagónicos: la primera es libertad concedida por la ley para permitir la mejor tutela del interés público; la segunda excluye la valoración del interés colectivo y la de cualquier otro interés[3].

Para los apreciados administrativistas españoles Rivero Ysern y Rivero Ortega (2012, pp. 2063-2078), la discrecionalidad técnica no existe y solo queda el nombre, el rótulo, la mera denominación.

Para Fiorini (1948, p. 125), la «discrecionalidad técnica» depende de la labor intelectiva indirecta de la Administración, a diferencia de la discrecionalidad pura, en la cual es la voluntad administrativa la que crea la estimación necesaria para que el acto se dicte.

En definitiva, la contradicción terminológica deviene de la diversidad sustancial entre la técnica que se traduce en un juicio científico y la discrecionalidad, que importa valoraciones de interés público (Marienhoff, 1987, p. 429 y ss.; Cassagne, 1998, p. 140; Mortati, 1960, p. 238; Cannada-Bartoli, 1964, p. 125; Díez, 1979, p. 32).

Referenciando la importante evolución doctrinal sobre el tema, en el presente siglo, precisa Gordillo (2017, X.19) que

> Antiguamente se decía que la administración tenía una «discrecionalidad técnica», esto es, una atribución discrecional en materia técnica que tornaba irrevisables los actos que dictara en ejercicio de esas atribuciones. Pero en realidad, este antiguo concepto de discrecionalidad técnica dependía de un igualmente antiguo concepto de lo que constituye una técnica: si ésta es una mera cuestión opinable o discutible, un arte que puede ser ejercido de diversos modos y de acuerdo con el criterio subjetivo de quien en el caso lo desempeña, es lógico afirmar que esa actividad no pueda en tal aspecto ser controlada. En cambio, si una técnica es científica, cierta, objetiva, universal, sujeta a reglas uniformes

---

3. En análogo sentido se pronuncian Zaccardi, (1985, p. 326) y Tezner (1924, pp. 41 y ss.).

que no dependan de la apreciación personal de un sujeto..., corresponde por el contrario hablar de regulación.

Quizá en el marco de la concepción anterior, Bielsa (1947, p. 311) consideraba que la discrecionalidad técnica consistía en la «elección» de procedimientos técnicos o científicos.

Para la doctrina que critica la contradicción interna de la «discrecionalidad técnica», poco importa la opinabilidad o no de una determinada técnica, por cuanto lo mismo se permanece dentro de la valoración científica: se trata siempre de juicios técnicos que no conciernen a la apreciación discrecional en tanto son jurídicamente distintos de los juicios de oportunidad y del momento volitivo decisional (Giannini, 1970, p. 488 y ss.).

Estoy en parcial desacuerdo con esta última postura porque, como se explicitará más adelante, la clave reside en el análisis intrínseco de la opinabilidad mencionada para determinar si existen elementos reconducibles a lo reglado o discrecional. La «discrecionalidad técnica» no existe: el fenómeno que encierra este concepto debe ser descompuesto en dos partes: *a*) reglas técnicas tolerables o indiscutibles, que como tales son adoptadas por el ordenamiento pasando a formar parte del bloque reglado o vinculado; *b*) discrecionalidad, que se individualiza en la valoración subjetiva y la posibilidad de elegir dentro de la juridicidad.

La opinabilidad debe agotar la hermenéutica interpretativa acompañada con la profunda verificación de los hechos para separar lo que corresponde a lo «técnico reglado» y a lo «discrecional» relacionado con la técnica. En definitiva, se tratará siempre de actividad reglada o discrecional, pues aun cuando se interrelacione con lo técnico no pierden su identidad.

No obstante, por costumbre o didácticamente nada impide utilizar la denominación «discrecionalidad técnica» cuando estamos frente a técnicas opinables que no trasuntan un juicio objetivable. Si no existe ese margen de opinabilidad, de ninguna manera podemos hablar de «discrecionalidad técnica», menos aún de discrecionalidad (por ejemplo, la certeza de que una sustancia es tóxica).

Tanto la llamada «discrecionalidad técnica» como los «conceptos jurídicos indeterminados», son en mi criterio creaciones artificiosas que tienen la virtud de aglutinar esta compleja problemática, buscando refundir el espacio de libertad con lo vinculado, mediante la reducción o, incluso, la aniquilación de uno de los ámbitos en cuestión. Fatigosa batalla que oscurece y complica la delimitación de sus fronteras.

En lugar de razonamientos que a la larga conducen a la eliminación de la discrecionalidad o al imperio de ésta sin precisión adecuada de sus contornos, hay que incentivar aquellos criterios que no destruyan lo discrecional ni lo reglado, sino que procuren iluminar sus zonas limítrofes, profundizando en la determinación de la diversa naturaleza de ambos. Es decir, delimitar estas modalidades administrativas, pero al mismo tiempo postular una armónica convivencia entre ambas, aceptando una realidad tan insoslayable como la vida misma del ser humano, que también discurre entre zonas signadas por la fatalidad y la libertad.

Resulta extraño que mientras en el proceso judicial se efectúan numerosos esfuerzos tendientes a precisar lo reglado y lo discrecional para marcar en cada caso la intensidad del control, en el ámbito doctrinal, al dársele mayor importancia a la disputa por la extensión de una u otra, o de predominio de una sobre otra, se descuide un tema de tanta trascendencia como es la determinación de sus zonas limítrofes; tal delimitación dista de ser bizantinismo teórico: permitiría establecer con certeza hasta dónde puede llegar el juez en su cometido jurisdiccional.

2. *Repercusión procesal de la discrecionalidad técnica*

Algunos de quienes pretenden eliminar la confusa expresión «discrecionalidad técnica» negando su existencia postulan el control absoluto de tal valoración.

Sin embargo, cuando aluden a juicios técnicos que no son ciertos sino probables o hipotéticos, su impecable formulación teórica comienza a desdibujarse, y admiten —en consecuencia— un margen de incontrolabilidad reservado sólo a la Administración.

Para superar estas dificultades, en lugar de admitir la presencia de un momento discrecional, acuden a la «competencia exclusiva de la Administración» para valorar por sí ciertos aspectos. Esto implica aceptar la existencia de un auténtico poder administrativo de apreciación científica que caracteriza la esencia de la «discrecionalidad técnica» (Favara, 1973, p. 353 y ss.), aunque se critique severamente su denominación.

Desde una perspectiva diferente, Ledda (1983, p. 432 y ss.) sostiene que los casos límite, en los cuales la técnica es opinable, no justifican la conformación de un ámbito exclusivo de la Administración, sino que el control judicial se impone aunque en forma reducida. En efecto, éste no puede sustituir un juicio probable por otro igualmente incierto; por ello afirma enfáticamente que «las dudas de carácter científico no se resuelven con el instrumento del poder como se pensaba en otros tiempos: en este aspecto la balanza del juez vale tanto como la espada del administrador» (Ledda, 1983, p. 434).

Estas conclusiones son compartidas por Marzuoli (1985, p. 57), quien resalta el control judicial como remedio apto para dirimir esta conflictiva problemática. Para Cassagne (1998, p. 140), el juicio técnico es siempre revisable mientras haya legitimación.

Empero, hay quienes aun cuando propicien la tutela jurisdiccional plena, terminan admitiendo supuestos excepcionales donde la competencia exclusiva de la Administración se impone (Grecco, 1980, p. 1306 y ss.). Esto recuerda la enunciada debilidad de la teoría de los conceptos jurídicos indeterminados con el «margen de apreciación» o «beneficio de inmunidad jurisdiccional».

En ese sentido, Cerulli Irelli (1984, pp. 496, 497 y 498) señala que existen importantes sectores de actividades técnicas de la Administración Pública donde las valoraciones efectuadas quedan fuera del control judicial: son casos en los cuales la función administrativa presupone comprobaciones y valoraciones de carácter técnico que nada tienen que ver con la ponderación de intereses que caracteriza la modalidad discrecional. En ese marco, subraya dos notas distintivas: la subjetividad absoluta del momento valorativo, y la irrepetibilidad del juicio. El ejemplo típico citado es el de los concursos y exámenes en general: aquí no admite discrecionalidad sino competencia exclusiva de la Administración por la particular estructura de la actividad.

Las diversas denominaciones: «discrecionalidad técnica», «margen de apreciación», «libertad de apreciación», «discrecionalidad», etc., son utilizadas por la jurisprudencia[4] en determinadas circunstancias para explicitar este fenómeno y admitir la competencia exclusiva de la Administración. Pero, en general se habla de «discrecionalidad técnica» cuando se está en presencia de hipótesis complejas que exigen juicios técnicos o científicos de imposible revisión como consecuencia de la conjunción de tales aspectos con apreciaciones personales, o bien por la irrepetibilidad de la experiencia.

La doctrina más avanzada postula la negación de la «discrecionalidad técnica», propiciando el control de la técnica, salvo casos excepcionales, mientras que la variada jurisprudencia, en cambio, oscila entre la postura antedicha y la inadmisibilidad en sede jurisdiccional de aquellas cuestiones.

---

4.   Ver, entre otras, *Jurisp. Cons. Estado italiano*, sez. VI, 26/10/1979, n°. 729, en *Const. St.*, sez. V, 25/2/1961, n°. 62, en *Foro Amm.*, 1961, I, 711; sez. IV, 4/3/1980, n°. 142, *Const. St.*, 266; sentencia del Trib. Sup. español del 15/2/1961, *Rep. Jurispr. Aranzadi*, 977; sent. del 2/4/1979, Trib. Sup. español, *Rep. Jurispr. Aranzadi*, 1940; Cám. Nac. Fed. Cont. Adm., sala I, Bs. As., 17/11/1983, LL, 24/2/1988, p. 488; Sup. Corte Bs. As., 10/2/1981, LL, 1981-C-98; DJBA, 120-111.

Considera De Petris (1995, p. 296 y ss.), en este sentido, que la discrecionalidad técnica importa un poder administrativo reservado de valoración, diferente de la discrecionalidad en sentido estricto. Estima que las razones que justifican estas potestades son diferentes en uno y otro caso. La construcción política del Estado, la división de poderes y la misión de la Administración de satisfacer el interés público son los fundamentos que avalan la discrecionalidad administrativa. En cambio, el poder de valoración técnica exclusivo de la Administración se fundamenta en las características de la organización administrativa cuya idoneidad técnica la hace más apta para emitir un pronunciamiento final (especial relación de funcionalidad entre la organización administrativa y la característica de la valoración técnica a efectuar).

Sostiene Cariola (1997, p. 855 y ss.) que no es controlable la discrecionalidad político administrativa, mientras que la competencia de carácter técnico científico puede ser fiscalizada sobre la base de los criterios de culpa profesional y sus resultados, pueden ser revalorizados en el proceso de control bajo la alternativa de correcto o erróneo. En este sentido advierte el autor citado, que el control administrativo no difiere del penal o civil en cuanto al análisis del correcto ejercicio de la actividad profesional.

La doctrina italiana en general diferencia entre el *accertamenti* (verificación de los hechos) y el *apprezzamenti* (valoración de los hechos). Los primeros son perfectamente controlables, mientras que los segundos, cuando se relacionan con cuestiones técnicas complejas o valoraciones opinables (*fatti opinabili*), reciben el nombre de discrecionalidad técnica, en cuyo caso el control judicial declina. El concepto se conforma de dos partes: *a)* valoración de pautas científicas, técnicas y artísticas; *b)* juicios que importan un margen de opinabilidad aunque sea mínimo relacionado con lo anterior.

La distinción con la discrecionalidad pura estaría dada por el carácter técnico del estándar de referencia (Sala, 1993, p. 212) como la valoración de los hechos, sin que ello importe una ponderación de intereses ni apreciación de la oportunidad. También se diferencia de la actividad técnica porque ésta trasunta un resultado cierto unívoco, en cambio, en la discrecionalidad técnica, aun cuando se usen los criterios científicos o técnicos no es posible llegar a una regla cierta de universal consenso, subsistiendo un margen de subjetividad u opinabilidad.

No obstante, y sin perjuicio de lo sustentado en los capítulos siguientes, resulta útil recordar lo que dice Comadira (2000a, p. 6) al expresar que

la denominada discrecionalidad técnica será, en rigor, una especie de la discrecionalidad en general, cuando el accionar administrativo, cumplido con arreglo a parámetros científicos o técnicos, reconozca, en éstos, más de una posibilidad, o cuando, siendo la valoración técnica unívoca, esté ligada a una actuación elegible.

3. Hasta dónde llega el control judicial de la llamada discrecionalidad técnica

En mi opinión, la remisión normativa a valoraciones técnicas no supone automáticamente la atribución al órgano administrativo de una potestad inmune al control judicial. En efecto, las reglas técnicas (conocimiento especializado) de universal consenso, o al menos tolerables (cuando trasuntan una verdad relativa), las reglas de la experiencia (conocimientos prácticos comunes) como los estándares de conductas, integran el orden jurídico administrativo por remisión expresa o implícita de éste.

Aun cuando el reenvío no surja tácitamente del ordenamiento, las pautas o reglas referidas pueden tener igualmente relevancia jurídica por el conocimiento acabado de los hechos y la apreciación de la prueba con arreglo a la sana crítica racional.

En consecuencia, el control de juridicidad es perfectible, pues el juez al entrar al fondo de la cuestión verifica si en el *sub examine* se ha respetado el contenido de la regla determinada por la ciencia, la técnica, la experiencia, o el comportamiento social, al momento en que se concretice el acto administrativo respectivo.

Aun cuando el orden jurídico se remite a cuestiones técnicas complejas, de difícil comprensión o de imposible reproducción probatoria (por su característica intrínseca), de certeza técnica o científica relativa, la decisión administrativa debe ser controlada por el juez. Al menos debe verificar con el fondo de la cuestión si la decisión administrativa adopta una solución técnicamente aceptable, «tolerable», cuya razonabilidad sea aprehensible en virtud de su motivación.

No se trata de un mero control de legalidad formal externa, el juez debe examinar detenidamente la verificación material de los hechos, y aun la apreciación de los mismos mediante la aplicación de pautas técnicas razonables, además de la calificación jurídica respectiva.

En definitiva, lo técnico —en el sentido expresado— forma parte del orden jurídico y, por tanto, el control de juridicidad es posible. Lo contrario podría cercenar la tutela judicial efectiva. Consecuentemente, estoy en desacuerdo con posturas jurisprudenciales que sustentan que frente a cuestiones técnicas complejas lo resuelto por los órganos técnicos de la Administración es irrevisable por los jueces[5].

---

5. Cám. Nac. Cont. Adm., sala III, «Platestiba», LL, 1992-B-181.

No obstante, cuando es la propia realidad del objeto o situación la que admite márgenes de opinabilidad, cuando la objetividad del procedimiento de subsunción se agota, declina la labor interpretativa y se acrecienta la discrecionalidad.

Estos son los supuestos excepcionales, que aun cuando se ejerza mínimamente la discrecionalidad podríamos utilizar por una razón didáctica, la denominación «discrecionalidad técnica», pues ese margen de apreciación está vinculado con una opinable cuestión técnica científica o de experiencia, de muy difícil precisión.

La opinabilidad intrínseca de ciertas situaciones fácticas no reconducibles a pautas objetivas por medio de la interpretación, no puede ser convertida en certeza por el administrador ni por el juez. Empero, como es la Administración a quien el orden jurídico le autoriza a operativizar primero el concepto, en estos excepcionales supuestos, le es permitido utilizar la discrecionalidad relacionada con la técnica a fin resolver la opinabilidad buscando lo más oportuno para el interés público.

La discrecionalidad no sólo proviene de una norma expresa o implícita sino de la propia naturaleza de las cosas. Es precisamente el ordenamiento quien se remite tácitamente a ello cuando no es posible un juicio objetivable que trasunte una solución justa, sino dos o más hipótesis razonables.

Es que una vez agotado el análisis de la proposición normativa y de sus principios inmanentes, expresa o implícitamente condensados en el ordenamiento, sin poder distinguir lo reglado de lo discrecional, la observación de la propia realidad del acontecer administrativo se convierte en el factor decisivo para clarificar la identidad de los conceptos y estar en condiciones de predecir los efectos ulteriores.

En estos casos debemos aceptar, aunque en su mínima expresión, la posible existencia de facultades discrecionales para integrar creativamente el concepto. Debe recordarse que los órganos administrativos no sólo son creados para aplicar el derecho sino también para ejercer la discrecionalidad dentro de la juridicidad.

La opinabilidad no excluye de por sí el control judicial porque el juez debe verificar si ha sido correctamente ejercida la discrecionalidad dentro de la juridicidad. Consecuentemente, el control debe recaer sobre todo el comportamiento administrativo objetivable (cognitivo), y cuando en algunos aspectos percibe pequeños márgenes de opinabilidad, en los que es tan aceptable una solución como otra, debe respetar el espacio de libertad rellenado por la Administración. No cabe aquí sostener que se ha vulnerado la tutela judicial efectiva, pues da lo mismo una solución que otra desde el punto de vista jurídico. Asimismo, si el tribunal examina el fondo de la cuestión en sentido integral, llegando a la conclusión de que la discrecionalidad ha sido ejercida dentro del orden jurídico, el derecho al debido proceso ha quedado salvaguardado.

Para el Tribunal Constitucional alemán el derecho a la tutela judicial efectiva, garantizado por el art. 19.4 de la Ley Fundamental de Bonn, si bien garantiza como principio la plena justiciabilidad de la actividad administrativa, no impide reconocer al legislador la facultad de habilitar excepcionalmente a la Administración la adopción de decisiones últimas excluidas del control judicial plenario, cuando así lo justifiquen consideraciones de naturaleza preferentemente jurídico-funcional y no se oponga a ello el contenido esencial del citado derecho fundamental: la garantía de una tutela judicial óptima, aunque no necesariamente máxima[6].

Con expresividad ha expresado el Tribunal Supremo español[7] que

Hay un núcleo último de oportunidad o conveniencia, allí donde son posibles varias soluciones igualmente justas (o legalmente indiferentes), en el que no cabe sustituir la decisión administrativa por una decisión judicial... esta jurisdicción no constituye un escalón jerárquicamente superior a la Administración que le permita a través de sus resoluciones imponer a los órganos de la misma una determinada línea de actuación en la gestión de los intereses públicos que tiene confiada, ni en la propia organización de los medios materiales destinados a la misma, sino que la misión de los tribunales queda circunscripta a corregir las extraviadas actuaciones administrativas cuando éstas infrinjan el ordenamiento jurídico... lo que no puede hacer la jurisdicción es erigirse en legislador e invadir el ámbito normativo de la Administración.

Ha señalado la Corte Suprema de Justicia argentina[8] con relación a una normativa del Ministerio de Planificación de la Nación que imponía un cargo adicional al consumo de electricidad a determinado grupo de usuarios que

Tal como lo ha reiterado la Corte, no es propio del cometido fijado al Poder Judicial en el art. 116 de la C,N, dictar una norma derogatoria de otra implementando un mecanismo de reemplazo en su lugar cuando resulta evidente que —en esta materia— tal solución requiere de la suficiente o indispensable concreción de medidas de política pública previa (conf. arg. Fallos 330:4866 y 331:2681). Ello implicaría sustituirse a competencias propias de los otros poderes del Estado (Fallos 330:4866) Cabe recordar, asimismo, que la Corte ha resuelto en reiteradas oportunidades que el art. 16 de la C.N., no impone una

6. Sentencia publicada en *BVerfGE*, vol. 61, pp. 111 a 114.
7. Sentencia citada por López Menudo, F. (1996, p. 38).
8. «Monthelado SA c/ Ministerio de Planificación Federal», 30/09/2014, publicado en DJ 25/08/2015, 28

rígida igualdad, por lo que tal garantía no obsta a que el legislador contemple en forma distinta situaciones que considere diferentes. De ahí que se atribuya a la prudencia de aquel una amplia latitud para ordenar y agrupar, distinguiendo y clasificando los objetos de la reglamentación (Fallos 320:1166).

Más adelante afirma el Alto Tribunal que

El diseño del mencionado programa elaborado por las autoridades competentes y las consecuencias directas que derivan de él responden a una valoración de carácter técnico y económico cuya apreciación y adopción corresponde a los otros poderes del Estado en virtud de altas facultades y constituyen enfoques de política en aquellos cuya desventaja o acierto escapa a la consideración de los Tribunales. Esta conclusión se impone, toda vez que los poderes Legislativo y Ejecutivo son quienes tienen la atribución para sopesar la influencia de las concepciones referidas y las diferentes situaciones por las que atraviesa la sociedad y que se proyectan sobre la oportunidad, mérito o conveniencia para dotar con una determinada extensión y cualidad al sistema de servicios públicos, del que forma parte, también, el art 42 de la C.N.

Por tal razón es menester recordar, con especial énfasis, que la misión más delicada que comparte el Poder Judicial es la de saber mantenerse dentro de la órbita de su jurisdicción, sin menoscabar las funciones que incumben a los otros poderes o jurisdicciones, toda vez que es el judicial el llamado por la ley para sostener la observancia de la C.N., y de ahí que un avance de este poder en desmedro de las facultades de los demás revestiría la mayor gravedad para la armonía constitucional y el orden público (Fallos 329:1675).

El Consejo de Estado italiano[9] considera que el control judicial de la apreciación técnica de la Administración Pública puede hoy efectuarse no solo en el aspecto formal y extrínseco del iter lógico seguido por la actuación administrativa, sino también a la verificación directa de la atendibilidad o sustentabilidad de las operaciones técnicas bajo el perfil de la corrección del criterio técnico y del procedimiento aplicado[10].

Empero también el Alto Tribunal Italiano ha considerado que todavía se mantiene firme el control limitado sobre la «relatividad» de la valoración técnico científica, pudiendo el juez solo censurar la actuación administrativa que esté fuera del ámbito de la opinabilidad (por ser única e incontrovertida), porque, diversamente, la apreciación opinable de la Administración no puede ser sustituida por la del juez, también opinable[11].

---

9. A partir de la Sent. 601/1999 de la IV Sección.
10. Ver también Cons. E. Ital. Sección V, 29/12/2011), n. 6980.
11. Cons. De Estado, sezione VI, 8/3/2012, n. 1332, Trib. Adm. Regional Lazio, Roma, 9/6/17, n. 806.

No se debe pensar que se trata de un ámbito de inmunidad o privilegio en beneficio de la Administración. El poder jurisdiccional se ejercita sobre los hechos objeto de análisis y sobre el proceso evaluativo, mediante el cual la autoridad aplica al hecho la regla. La división de poderes quiere poner solo un límite al comportamiento final del Juez, el cual después de haber comprobado en forma plena los hechos y haber verificado el proceso lógico valorativo desarrollado por la Administración en base a reglas técnicas o de buena acción administrativa, no puede sustituir su voluntad por la suya propia cuando considere que la valoración de la Administración es correcta, razonable, proporcional y atendible.

Si, en cambio, el juicio técnico fuera erróneo o ni siquiera trasunta una verdad relativa, la pauta científica inaplicable o arbitraria, contradictoria, ilógica, o el procedimiento desviado, los poderes del juez acrecen en su normal dimensión. Los medios de prueba, aun periciales, pueden adoptarse como en cualquier proceso.

De tal modo, el juez controla la juridicidad en un sentido amplio, empero, no sustituye ni valora la oportunidad o conveniencia, ya apreciada y seleccionada creativamente por la Administración.

Capítulo 3
Teoría de los conceptos jurídicos indeterminados. Revisión judicial y razón de una nueva concepción

I. IMPRECISIÓN DE LOS CONCEPTOS Y ORIGEN DE LA TEORÍA

Un concepto es indeterminado cuando sus límites son imprecisos, es decir, cuando no reflejan claramente una realidad. En general, la imprecisión no deviene exclusivamente del lenguaje utilizado ni tampoco de la materia referida, sino de la vinculación entre ambos (Sáinz Moreno, 1976, pp. 68 y 70; Bettermann, 1962, p. 79 y ss.).

En el ordenamiento jurídico-administrativo son numerosos los dispositivos constitucionales, legales y reglamentarios que trasuntan estándares o normas en blanco, cuya indeterminación es evidente.

El decoro o prestigio de la institución policial, la peligrosidad de una enfermedad, la contaminación de las aguas, la idoneidad en un concurso, la urgencia de una contratación, son ejemplos cotidianos, cuya relación con la realidad a la cual se refieren puede impregnarse de mayor o menor imprecisión.

La aplicación práctica de estos supuestos en el variado accionar administrativo obliga a efectuar una tarea interpretativa o creativa según el caso, subsumiendo el hecho concreto a la norma.

Veamos un ejemplo: la declaración de interés histórico de un inmueble, que autoriza genéricamente el orden normativo, puede ocasionar tres alternativas distintas: a) una opción positiva al no existir dudas sobre el interés histórico; b) una opción negativa, ante la seguridad de la falta de interés; y c) una zona de penumbra que se ubica entre ambas, en cuanto existen razonables dudas sobre si el edificio reviste o no interés histórico.

A las hipótesis a y b se las denomina, respectivamente: zona de certeza positiva y negativa; mientras que la c, «halo del concepto» o «zona de dudas». Esta última es el ámbito de imprecisión o indeterminación que es menester clarificar al momento de su concreción práctica, teniendo presente la distancia al núcleo positivo o negativo del concepto.

La pregunta fundamental que cabe formularse es cómo se integra un concepto jurídico indeterminado, si por medio de la interpretación o del ejercicio de la discrecionalidad. La respuesta es por demás relevante para advertir el alcance del control judicial que corresponde realizar según se utilice uno u otro instrumento integrador del concepto.

Este interrogante ha suscitado diferentes criterios doctrinales y jurisprudenciales. El debate aún sigue abierto.

Lo que en Italia continúa llamándose «discrecionalidad técnica» en el lenguaje ordinario —aunque se lo critique severamente—, es objeto de estudio en el derecho alemán con el nombre de «conceptos jurídicos indeterminados».

En este último ámbito la indeterminación también fue llamada «discrecionalidad técnica» en sus orígenes. Para Bernatzik (1886, p. 43 y ss.)[12], este fenómeno comprende las cuestiones administrativas complejas relacionadas con la técnica, cuya apreciación compete exclusivamente a la Administración y sobre la cual no corresponde el control judicial.

Tezner (1924, p. 69 y ss.), en cambio, fue quien incipientemente propició el control de los conceptos jurídicos indeterminados, planteando la necesidad de diferenciarlos con la discrecionalidad.

La evolución de la teoría reduce ostensiblemente el campo de lo discrecional; concibe que los conceptos jurídicos indeterminados no admiten múltiples opciones válidas sino una en cada supuesto: la integración normativa se produce, entonces, por medio de la interpretación.

De tal manera, la ruina de la obra, la urgencia, el orden público, etc., son supuestos cuya resolución sólo admite una posibilidad. La eliminación de la discrecionalidad —como se advierte— parece constituir la meta soñada de esta concepción.

Es fácil imaginar la problematicidad de la materia sobre la cual recae el análisis de la teoría. Como dice Sáinz Moreno (1976, p. 220)

> No se trata sólo de resolver ciertos problemas de interpretación y aplicación, sino de establecer las razones por las que el Poder Judicial puede revisar las decisiones que en esta materia ha tomado la Administración. Entra en juego, pues, el tema de la relación entre la Administración y la Justicia y el de los poderes que la Administración tiene para cumplir sus fines, pero, sobre todo, y fundamentalmente, el de la legalidad de la acción administrativa o, lo que es lo mismo, el de la libertad de los ciudadanos.

---

12.   En similar sentido, Schmidt-Salzer (1968, p. 65 y ss.)

II. DIFERENCIA CUALITATIVA ENTRE CONCEPTO JURÍDICO INDETERMINADO Y DISCRECIONALIDAD

Si esta teoría sustenta que el concepto jurídico indeterminado sólo presupone en su concreción una solución justa, es fácil inferir que se opone contundentemente a la discrecionalidad, cuya esencia es la libertad de elección entre varias alternativas igualmente válidas[13].

El concepto jurídico indeterminado pasa a ser estudiado como un problema de interpretación y aplicación de la ley, razón por la cual se lo considera parte de la actividad vinculada o reglada: de allí que la diferencia con la discrecionalidad no sea de cantidad sino de calidad.

Expresivo de esta concepción es lo sustentado por el Tribunal Supremo español cuando expresa:

> las facultades discrecionales se caracterizan por la pluralidad de soluciones justas posibles entre las que libremente puede escoger la Administración, según su propia iniciativa, por no estar comprendida dentro de la norma la solución concreta, mientras que el concepto jurídico indeterminado (ruina, precio justo, utilidad pública, etc.), es configurado por la ley como un supuesto concreto, de tal forma que solamente se da una única solución justa en la aplicación del concepto a la circunstancia de hecho, como ocurre en el caso de actuación del jurado de expropiación, que, como organismo encargado de aplicar el concepto indeterminado de justo precio a unos bienes expropiados, no es libre para decidir, a través de un proceso volitivo de discrecionalidad, entre varios posibles justos precios, sino que, realizando un proceso de juicio o estimación, ha de atenerse necesariamente, sin libertad de decisión, a las circunstancias y características reales que ha de calificar y al sentido jurídico preciso que la ley ha asignado al concepto del justo precio, para determinar, a través de su valoración, no cualquier posible justo precio, sino el precio que real y efectivamente sea el verdadero y justo, y por ello dicha función, al no admitir más que una solución adecuada y conforme a la norma, constituye un proceso de subsunción de la categoría de justo precio en el supuesto normal de aplicación del derecho[14].

---

13.   Resulta inevitable recordar las múltiples consideraciones doctrinarias que sobre la cuestión han aportado —entre otros— García de Enterría y Fernández (1980, p. 386); Mozo Seoane (1985, p. 250); Cassagne (1994, p. 98 y ss.); Quiroga Lavié (1985, p. 226); Barra (1986, p. 230 y ss.); Grecco (1980-D, p. 1306 y ss.); Gambier (1988-D p.744); Tawil (1993, pp. 410 a 419); Gusmán (2002, p. 605 y ss.); García Pullés (2004, pp. 686/687).
14.   Tribunal Superior español, sent. del 28/4/1964, ponente Cervia Cabrera, *Repertorio de jurisprudencia Aranzadi*, 2653; Sáinz Moreno (1976, p. 273).

Desde otra perspectiva, hay quienes afirman que el concepto de poder discrecional tiene un rol marginal al comprobarse que la legislación actual predetermina los fines y medios que procuran su realización de manera bastante precisa, dejando pequeños espacios a las valoraciones de oportunidad, no obstante lo cual siempre existe un momento subjetivo tanto en el ámbito de lo preciso como de lo impreciso (Satta, 1980, p. 195 y ss.). Para esta posición la clave está en la realidad jurisprudencial adaptada a cada caso concreto y a la naturaleza de las cosas.

Sostiene Martín González (1967, p. 197. ss.) que los conceptos pueden ser determinados o indeterminados. En los primeros la norma regula su integración con pautas expresas o implícitas por medio de la remisión a reglas de experiencia común o técnica. Forman parte de la actividad reglada y, en consecuencia, pueden ser controlados judicialmente. En los segundos, la indeterminación se completa mediante la apreciación subjetiva de quien resulte competente para ello. Aquí hay discrecionalidad y, por ende, exclusión del control judicial.

Distingue enfáticamente los conceptos que se remiten a un valor, de aquellos que se completan por medio de la experiencia. En los primeros la voluntariedad de la Administración se convierte en criterio decisor esencial; mientras que en los segundos no hay discrecionalidad, sino que todo depende de la verificación de la experiencia en el caso concreto. Juicio subjetivo en uno y objetivo en otro. De allí la diversidad de tratamiento en cuanto al control judicial se refiere.

Las nociones vagas o imprecisas del derecho francés se completan a través del poder discrecional o de la actividad vinculada, no obstante, los avances doctrinarios y jurisprudenciales en pro de la reducción de la discrecionalidad y la amplitud del control judicial (Loug y otros, 1969, p. 123 y ss.).

III. DIFERENCIA CUANTITATIVA ENTRE CONCEPTOS JURÍDICOS INDETERMINADOS Y DETERMINADOS

La postura propiciada por Martín González presupone una diferencia cualitativa entre los conceptos jurídicos indeterminados y determinados, al considerar que en los primeros reside la valoración discrecional y en los segundos la hermenéutica interpretativa. Esta diferencia es, en cambio, cuantitativa entre los determinados directa e indirectamente (experiencia normal o técnica). Hay sólo una diferencia de grado entre la actividad reglada y la determinada indirectamente, atento a los juicios objetivos que deben efectuarse tanto en una como en otra.

Para la teoría tradicional de los conceptos jurídicos indeterminados, la diferencia es sólo terminológica, porque sustantivamente concibe lo determinado e indeterminado en el marco de lo vinculado, por oposición a lo discrecional, que queda relegado a la escasa apreciación volitiva del órgano competente. Entre un concepto determinado y uno indeterminado solamente hay diferencias de grado y representan dos técnicas normativas distintas sólo en apariencia, porque íntimamente tienen por objetivo realizar lo preceptuado por el legislador.

La tarea de subsunción, en los determinados, es casi de aplicación automática (conceder la jubilación a los 65 años); en cambio, en los indeterminados exige explicitar la voluntad normativa por medio de la compleja metodología interpretativa (urgencia, probidad, idoneidad, interés cultural, etc.). La urgencia existe o no, tal bien es de interés cultural o no. Por esta razón, solamente es admisible una solución justa donde nada tiene que ver lo discrecional.

Para esta concepción el control judicial fluye espontáneamente. Éste es el objetivo prioritario de la teoría que pretende extender al máximo la revisión de los actos administrativos, en cuanto asignan mayor confianza a los jueces que a quienes ejercen la función administrativa.

No obstante, la polimórfica, y a veces confusa, realidad estatal presenta en su devenir situaciones en las cuales resulta difícil admitir la existencia de una sola solución justa. Por esta razón, se han esbozado críticas al respecto (Pérez Olea, 1972, p. 54).

Algunos autores asumen una postura cuestionable a la teoría de los conceptos jurídicos indeterminados en el sentido de que la discrecionalidad administrativa termina siendo controlada por el juez (Mata, 2007, p. 607). Sin embargo, como bien puntualiza Cassagne (2016, p. 250) lo que se traslada al juez es el control de razonabilidad o justicia de la opción elegida por la Administración y no la discrecionalidad.

En efecto, aun cuando el concepto jurídico indeterminado en algunos supuestos implique la utilización de una porción de discrecionalidad, el Juez debe controlar el ejercicio de discrecionalidad dentro del orden jurídico donde la razonabilidad constituye una de las herramientas para efectuar el control.

IV. DEBILIDAD DE LA TEORÍA: EL MARGEN DE APRECIACIÓN

La presencia de conceptos amplios y flexibles es una realidad insoslayable. Es obvio que el legislador no puede regular minuciosamente la totalidad del accionar administrativo. Según la teoría de los conceptos jurídicos indeterminados, no es recomendable aceptar que para completar los conceptos indeterminados deba acudirse solamente a la libre elección de la Administración por medio de la discrecionalidad; tampoco admitir que únicamente pueden ser integrados por remisión a juicios objetivos que aseguren una solución justa de validez incuestionable. Lo primero implicaría consagrar una libertad desenfrenada, susceptible de emparentarse con la arbitrariedad. Lo segundo acarrearía la virtual desaparición de la discrecionalidad, cuya supervivencia es imprescindible en los Estados modernos.

Ahora bien, los casos límite hacen criticable la construcción dogmática alemana de los conceptos jurídicos indeterminados y también dificultan la elaboración de fórmulas teóricas apropiadas para superar la penumbra, ambigüedad y variabilidad de ciertos conceptos ubicados en ámbitos indeterminados entre la zona de certeza «negativa» y «positiva».

Establecer en una calificación pedagógica el porqué de un 7 en lugar de un 8, es tan complicado como su revisión judicial ulterior.

Sin perjuicio de que esta problemática será tratada en profundidad con posterioridad, es dable advertir que para la concepción tradicional de la teoría sobre los conceptos jurídicos indeterminados, los casos difíciles se superan concediendo a la Administración un cierto «margen de apreciación», no susceptible de revisión jurisdiccional (Jesch, 1978, p. 212 y ss., Bachof, 1955, p. 97).

Empero, esta modalidad restrictiva no se asemeja a la facultad discrecional. Pretende sólo un reconocimiento explícito de la dificultad de su aplicación en determinados supuestos fácticos concretos, sin dejar de considerar —en teoría— que la integración se efectúa por intermedio de un juicio de naturaleza cognoscitiva (García de Enterría y otro, 1980, p. 380).

Creo que tanto el margen de apreciación como su aparente justificación no hacen otra cosa que poner en evidencia la debilidad de la teoría de los conceptos jurídicos indeterminados.

Así como en muchos casos la aplicación de esta concepción tiene un éxito indudable, en otros supuestos más complejos, también numerosos en la realidad administrativa, la presencia de una valoración subjetiva del órgano competente es ineludible. Esto último unido a la posibilidad de elegir entre dos o más alternativas válidas dentro del derecho confirma la presencia de una modalidad discrecional en su mínima expresión. Poco importa quién tiene que apreciarla, sea un técnico, político, profesional o administrativo: implica una valoración subjetiva en el marco de un margen de libertad. Esto basta para calificarlo de discrecional.

Para justificar el rechazo de un momento discrecional en el «margen de apreciación», se sostiene que, al no efectuarse valoraciones de oportunidad, la discrecionalidad es inexistente. Sin embargo, como señalé anteriormente, lo discrecional no puede limitarse sólo a apreciar la oportunidad; en otras ocasiones trasunta una ponderación de intereses, una valoración del interés público o un simple acto volitivo del órgano competente. Siendo su campo de acción mucho más amplio, bien se puede considerar el contenido del «margen de apreciación», una particular modalidad discrecional.

En su proyección práctica, poco importa si hay discrecionalidad o no, porque de todas maneras queda dentro de la zona de reserva de la Administración y se excluye el control judicial.

Para evitar estos resultados y restringir aún más la libertad administrativa, surgen otras posturas que conducen a la teoría de los conceptos jurídicos indeterminados a posiciones extremas, al eliminar el margen de apreciación y pretender la plena revisión de los actos de la Administración.

Sáinz Moreno (Sáinz Moreno, 1976, p. 243 y ss.), al comentar teorías alemanas avanzadas, explicita algunas preocupaciones sobre la complejidad de determinadas casuísticas, como la realización de pronósticos, la calificación de exámenes, y, entre otros, la determinación de la capacidad e idoneidad de los funcionarios[15]. Concluye admitiendo que de igual modo puede realizarse el control judicial porque ése es un problema de derecho procesal y niega —en definitiva— el margen de apreciación en favor de la Administración, subrayando la preeminencia de la tutela jurisdiccional de los derechos conculcados.

Esta nueva concepción revaloriza la motivación y la razonabilidad de los actos[16]. Postula que con la prudencia de los jueces se debe analizar detenidamente el procedimiento de concreción de la voluntad estatal. La decisión responsable de la Administración, basada en conocimientos de expertos o de juicios de valor debidamente explicitados, es normalmente respetada por el juez.

De allí que Sáinz Moreno (1976, p. 250 y ss.) propugne otra visión de lo discrecional, sometiendo su ejercicio a un profundo control judicial, por lo que pierde interés la diferencia con los conceptos jurídicos indeterminados.

---

15.   En análogo sentido, se manifiestan Ossenbuhl (1968, p. 618 y ss.) y Reuss (1953, p. 585 y ss.).
16.   Entre otras, cabe una remisión a lo enseñado por Krawietz (1972, p. 450 y ss.); García de Enterría y Fernández (1980, p. 389); Fernández (1994, 1997, 1994).

En estos últimos tiempos han surgido importantes polémicas en la doctrina española, con valiosos aportes de Parejo Alfonso (1993, p. 119 y ss.), Sánchez Morón (1994, p. 116 y ss.), Beltrán de Felipe (1995, p. 110), Bacigalupo (1997, pp. 10, 26, 32, 38, 128, y ss.), Igartúa Salvatierra (1998, p. 28 y ss.), entre otros, que ponen límites a la teoría de los conceptos jurídicos indeterminados en un sentido que en muchos casos implica también el uso de la discrecionalidad.

En definitiva, el intento de fulminar la arbitrariedad estatal y controlar la libertad de los funcionarios atraviesa diversas etapas. Primero se procura reducir la discrecionalidad cambiándole su rótulo externo con la configuración del «margen de apreciación». Más tarde, al advertirse que ese pequeño reducto podría implicar un abuso de libertad o una verdadera discrecionalidad, es eliminado postulándose la revisión judicial integral de lo indeterminado. Desde mi punto de vista, para lograr ese objetivo se utilizan técnicas de reducción de la discrecionalidad, que en rigor se refieren más a elementos relativos a la juridicidad que al control intrínseco de la discrecionalidad. En efecto, la verificación de los hechos, la razonabilidad, la motivación, la finalidad y aun la comprobación de que la discrecionalidad forma parte del orden jurídico, no dejan de pertenecer al ámbito de la juridicidad o legitimidad en sentido amplio.

El proclamado «control pleno de la discrecionalidad» implica una fiscalización absoluta sobre su inserción jurídica y es superficial en su contenido interior.

Aun cuando se postule la revisión total de los conceptos jurídicos indeterminados, o se pretenda disfrazar lo discrecional con atuendos de legitimidad, lo cierto es que numerosas hipótesis llevan en su interior un momento subjetivo discrecional que merece un trato peculiar; éste no puede ser sustituido por el juez, quien sólo debe controlar la integración de la libertad dentro del ordenamiento.

Según expresa Chapus (2000, p. 1033) es normal y hasta necesario que el derecho abra a la Administración posibilidades de elección, ya que el interés general no podría acomodarse a una Administración que se encontrara en la misma situación de la de un robot con comportamiento programado.

Como bien dice Corvalán (2016, p. 205)[17], en los conceptos jurídicos indeterminados en concurrencia con interpretaciones posibles, «la elección de preferencia sobre una opción es un acto de volición».

---

17. Ver también, en este mismo sentido, Gusmán (2002, p. 155).

V. LA CORRECTA INTERPRETACIÓN DE LOS CONCEPTOS JURÍDICOS INDETERMINADOS Y EL LÍMITE DE LA REVISIÓN JUDICIAL

Si se recurre a lo expresado por Kelsen en el postrimero capítulo de su obra cumbre, la *Teoría pura del Derecho* (2000, p. 349) se puede aseverar que la interpretación

> es un procedimiento espiritual que acompaña al proceso de aplicación del derecho, en su tránsito de una grada superior a una inferior. En el caso en que más se piensa cuando se habla de interpretación, en el caso de la interpretación de la ley, se debe dar respuesta a la pregunta de qué contenido hay que dar a la norma individual de una sentencia judicial o de una resolución administrativa, al deducirla de la norma general de la ley para su aplicación al hecho concreto.

De lo expuesto se infiere que la tarea hermenéutica se vincula con la aplicación de un texto legal como pauta de resolución de un conflicto. Dicho procedimiento espiritual es necesario porque las normas jurídicas se expresan en lenguaje natural —para ser comprendidas y obedecidas— y el lenguaje adolece de imprecisiones, vaguedades y ambigüedades. Lo explica claramente Aarnio cuando enseña que «Normalmente, los lenguajes ordinarios y el lenguaje jurídico en tanto parte de ellos, tiene algún grado de generalidad» (1989, p. 158).

Tal cual se ha indicado *ut supra*, los conceptos jurídicos indeterminados se caracterizan por ser ambivalentes, elásticos, polisémicos, exhiben —en términos hartianos— una «textura abierta» (Hart, 2011, p. 159 y ss.). Consecuentemente, los conceptos jurídicos indeterminados que están insertos en la regla aplicable a un caso deben ser interpretados. Si bien para Kelsen (2000, p. 354) «...en la aplicación del derecho por un órgano jurídico, la interpretación cognoscitiva del derecho aplicable se enlaza con un acto de voluntad en el cual el órgano de aplicación de derecho efectúa una elección entre las posibilidades que la interpretación cognoscitiva muestra» lo cual permitiría admitir que no existe una única solución cuando se interpretan conceptos jurídicos indeterminados, no puede soslayarse la postura de relevantes teóricos administrativistas que sostienen que al definir tales conceptos, solo cabe admitir una «unidad de solución justa, en cada caso, a la que se llega mediante una actividad de cognición, objetivable por tanto, y no de volición» (García de Enterría, 2013, p. 501 y ss.), circunstancia que habilita el pleno control judicial.

Por ello, considero imprescindible indagar sobre las derivaciones que surgen de aseverar que al interpretarse conceptos jurídicos indeterminados, se les asigna un sentido o alcance único y correcto que garantiza la solución justa de la cuestión litigiosa.

Al respecto, como se verá más adelante, entiendo que el control de la interpretación debe detenerse cuando percibe la presencia del momento intrínseco de la discrecionalidad: la libertad de elección que importa la ponderación de intereses, la apreciación de lo mejor para la sociedad. Cuando la interpretación agota su capacidad definitoria y no queda otra instancia más que preguntarnos cuál de las varias alternativas es la más conveniente, entramos en la «zona de reserva de la Administración».

Si bien la necesidad de llegar a «una solución justa» para dirimir un conflicto entre partes es característica de la función judicial, esto no implica que en el área de la actividad administrativa, la opinable y compleja realidad —susceptible de varias vías de resolución— pueda ser reducida a una «única solución justa».

La realidad se presenta tal cual es y si, por ejemplo, existen varias técnicas idóneas para demoler un inmueble o para llevar adelante un procedimiento de privatización, la misma opinabilidad pasa a formar parte de la decisión jurídica.

El silogismo judicial no es siempre trasladable a la función administrativa. La Administración no está obligada —en todos los casos— a llegar a una «solución justa» mediante la sola aplicación de reglas interpretadas correctamente. Si un hecho, fenómeno o situación no es opinable y admite sólo una solución posible, la aplicación del derecho se impone: el poder del orden normativo prevalece y la hermenéutica como herramienta para definir el sentido y alcance de la regla resolutoria es plenamente articulada en la realidad estatal. Pero cuando el hecho, fenómeno o situación es esencialmente opinable, la selección que implica la opción de uno u otro camino es de naturaleza discrecional. Aquí la Administración se presenta como un verdadero poder creativo cuya autodeterminación exclusiva le pertenece.

De esta forma juega el armonioso mecanismo de la división de poderes. La opinabilidad en el campo de la Administración Pública da lugar a ponderaciones de los más diversos intereses públicos específicos. Quién mejor que los natos representantes del pueblo, entonces, para completar este marco de libertad con el ropaje ineludible de la juridicidad.

Las apreciaciones de oportunidad, mérito o conveniencia, cuando el propio orden jurídico autoriza, explícita o implícitamente, su concreción por la Administración, no pueden ser revisadas por el juez (falta el parámetro objetivo necesario); ni siquiera con el pretexto de hacer una valoración de justicia, porque implicaría vulnerar la separación de poderes, dado que el propio sistema ordinamental quiere que tal marco de libertad sea integrado por lo que se considere más conveniente o útil (salvo, claro está, el supuesto excepcional de evidente o notoria injusticia, límites y excesos aludidos). Así, por ejemplo, no es posible controlar, siguiendo una interpretación jurídica estricta, la conveniencia de hacer una autopista o un hotel internacional.

Todo lo expuesto permite examinar críticamente y cuestionar desde la experiencia, ciertas posturas que, tratando de imitar el silogismo judicial, pretenden circunscribir la explicación de las decisiones administrativas a la aplicación de reglas prestablecidas a las que se les debe asignar un único sentido y alcance, lo cual permite el control judicial de la interpretación realizada que se considerará acertada solo cuando coincida con el parámetro hermenéutico propiciado por el juez.

El ordenamiento no puede desconocer la realidad, y aunque no pueda preverla *in totum*, establece los medios idóneos para superar la problemática que genera y determina quién es el responsable para hacerlo.

El juez no administra intereses, no aprecia la conveniencia, oportunidad o utilidad, no sustituye un juicio opinable por otro igualmente opinable: sólo interpreta el ordenamiento.

Consecuentemente, con frecuencia sólo admite una alternativa válida en la cual no hay modalidad discrecional alguna: el concepto indeterminado se integra con reglas técnicas o de experiencia indiscutibles, conducta media socialmente obligatoria, estándares de universal consenso, etc. Aquí la objetividad funciona plenamente. Pero, cuando existen dos o más hipótesis correctas, para dirimir cuál corresponde elegir, es necesario hacer uso de la discrecionalidad.

Se cumple, en definitiva, lo querido por el ordenamiento, sólo que, en supuestos excepcionales, cuando es imposible llegar al prototipo por medio de un juicio intelectivo puro, no queda otro camino que aceptar la presencia de un momento subjetivo: modo de la discrecionalidad.

Este margen de apreciación o discrecionalidad, también se aplica a menudo cuando los Tribunales Constitucionales en casos opinables aplican la deferencia hacia lo resuelto por el Legislador (Corvalán, 2016a, pp. 117-118 y 2016b, p. 182 y ss.). Es lo que Alexy (2003, p. 38 y ss.) denomina el margen de acción, permitiendo al Legislador que module los derechos fundamentales tratando de optimizar los principios, y sin suprimirle cierta porción de apreciación política para establecer los fines y la elección de los medios.

En este orden de ideas, cabe señalar que la intensidad del control que realiza —por ejemplo— el Tribunal Constitucional Alemán, puede tener tres alcances: a) control de evidencia, b) control de intensidad intermedia y c) control sustancial intensivo (Bernal Pulido 2010, p. 63).

En el caso «Caamaño»[18] se hace mención a la teoría de los conceptos jurídicos indeterminados con motivo de los requisitos a cumplir para la habilitación de agencias oficiales de juego. En esta oportunidad la justicia puntualizó que «Si el fundamento de la resolución administrativa denegatoria de una solicitud fue un concepto jurídico indeterminado (en el caso: baja recaudación), compete a la Administración primariamente determinar, articulando, por norma o acto, los extremos que lo conforman. Estrictamente, pues, al actor sólo incumbía impugnar el rechazo de su petición, debiendo la demandada, que además es quien cuenta con la información disponible, explicar y acreditar, clara y concretamente, los motivos de la denegación». Como ello no ocurrió, se declaró la ilegitimidad de la resolución denegatoria de la Lotería Nacional-Sociedad del Estado.

En este caso, si bien se invalida el acto sobre la base de vicios en la motivación, aun cuando se hayan explicitado las razones igualmente podía ser controlado por el juez.

En efecto, como lo he explicitado anteriormente, en mi opinión, los conceptos jurídicos indeterminados pueden en su realización aplicar: a) juicios intelectivos puros siguiendo un método cognitivo, mediante la aplicación de reglas técnicas o de experiencia de universal consenso, o bien; b) utilizar la discrecionalidad en aquellos casos en que el orden jurídico o la naturaleza de las cosas permitan la opción entre dos o más alternativas igualmente válidas para el derecho. No es la indeterminación de la norma la que permite un momento discrecional sino la indeterminabilidad del fenómeno o situación real a subsumir.

En el caso referenciado, la «baja recaudación», puede ser fácilmente acreditada a través de reglas técnicas ciertas y precisas a la luz de la realidad de los antecedentes, utilizando un método matemático comparativo con las restantes hipótesis autorizadas. Aquí no hay discrecionalidad, razón por la cual, aun cuando no hubiera existido el vicio en la motivación, igualmente hubiera correspondido el control judicial para revisar la causa y sus elementos de hecho, esto es, si en verdad existió o no baja recaudación, ya que este último fue el motivo de la denegatoria de la solicitud de habilitación.

En otro caso[19], el juez Pedro Coviello considera, con gran precisión jurídica, que la Ley del Personal Militar contempla el supuesto de un concepto jurídico indeterminado, al preceptuar que para ser confirmado el personal deberá acreditar a juicio de la Junta de Calificaciones de Oficiales

---

18. Cám. Nac. Cont. Adm., sala I, 2/8/1994, «Caamaño», con nota de Sarciat (1996, 27/5/1996).
19. Cám. Nac. Cont. Adm. Fed., 11/4/1997, «E. W. v. Gobierno Nacional».

«condiciones generales y militares compatibles con su grado y situación». Empero, en lugar de considerar que conforme la tradicional teoría de los conceptos jurídicos indeterminados debe aplicarse un juicio intelectivo puro, arribando a una única solución justa, acertadamente el citado magistrado introduce la cuestión dentro del ámbito de la zona de reserva de la Administración, declinando el control conforme lo ha expresado reiteradamente la jurisprudencia, en el sentido de que la apreciación que realizan las juntas de calificaciones de las fuerzas armadas, de seguridad, y policiales, comporta el ejercicio de una facultad discrecional, no susceptible, en principio, de justificar el control judicial salvo manifiesta falta de razonabilidad o arbitrariedad.

Y digo acertadamente porque, en mi opinión, los conceptos jurídicos indeterminados pueden no sólo aplicar reglas objetivas a través de la interpretación, sino también según el caso la facultad discrecionalidad. Esto último es lo que ocurrió en el caso comentado, atento a la peculiar naturaleza de los distintos factores tácticos que se analizan para ascender, retirar, o conservar al personal, imbuidos de ponderaciones de oportunidad, mérito y conveniencia que sólo a la autoridad administrativa competente le corresponde evaluar en el ámbito de la discrecionalidad bien ejercida.

En sus justos límites, la teoría de los conceptos jurídicos indeterminados sigue constituyendo una de las técnicas o modos más útiles para reducir la discrecionalidad y frenar la arbitrariedad de quienes mandan, no obstante, debe ser cuidadosamente practicada.

En definitiva, la aplicación literal de esta teoría puede ser correcta cuando la realización de ciertos conceptos no admite más que una solución justa, pero no cuando su concreción presenta varias probables soluciones y es tan razonable una como otra.

En consecuencia, sostengo que los conceptos indeterminados pueden relacionarse con el desarrollo de una actividad vinculada (reglas técnicas ciertas, estándares objetivos, etc.), o bien discrecional según el caso concreto a resolver. Es decir que pueden ser determinables por un proceso intelectivo interpretativo puro, o mediante la utilización de una modalidad discrecional, aunque su incidencia sea minúscula, según el caso objeto de interpretación.

No coincido con quienes afirman (Sáinz Moreno, 1976, p. 347) que lo aludido por los términos orden público, utilidad pública, urgencia, idoneidad, son conceptos jurídicos indeterminados que sólo admiten una solución justa.

Es necesario analizar cada supuesto real de aplicación de los referidos conceptos para entonces determinar con certeza si su realización admite una o varias soluciones igualmente correctas para el derecho.

El concepto jurídico indeterminado que realmente opera como límite de la discrecionalidad es sólo aquel que puede ser concretado siguiendo un juicio intelectivo puro. Esto sucede, por ejemplo, cuando en virtud de la norma la idoneidad se determina por riguroso orden de antigüedad; o cuando según los pliegos respectivos la oferta más ventajosa es la de menor precio. La realización del concepto idoneidad u oferta más ventajosa se efectiviza, entonces, siguiendo un procedimiento perfectamente objetivable.

Sin embargo, los conceptos referidos no siempre permiten llegar a una solución justa, incluso bajo el mismo esquema normativo; hay casos que admiten porcentajes de discrecionalidad: el supuesto de que existan dos concursantes que tienen idéntica antigüedad, o bien se presenten dos ofertas de igual precio. Elegir uno u otro concursante, una u otra oferta, en el caso de que la norma nada establezca al respecto bien puede consentir el uso de una modalidad discrecional.

De allí que estoy respetuosamente en parcial desacuerdo con quienes afirman que el control de los conceptos jurídicos indeterminados es pleno (Schmidt-Assman, 2003, p. 233), salvo que la propia ley —teoría de la habilitación normativa— desvirtúe la presunción cuando utiliza términos que permiten el uso de la discrecionalidad (ej. de acuerdo a lo que estime conveniente la Administración, entre otros). Más allá de estos supuestos normativos, en mi criterio, la indeterminación, que muchas veces autoriza el momento discrecional, es la propia naturaleza de las cosas o la propia oponibilidad de lo que es objeto de interpretación. Es decir, que el margen de apreciación no solo proviene del propio Legislador que lo autoriza sino de la mutable realidad, que no encuadra en pautas objetivables. En definitiva, el margen de apreciación de la doctrina y jurisprudencia, constituye en mi criterio una típica modalidad discrecional.

Considero sumamente peligroso sustentar que tales o cuales conceptos (idoneidad, insalubridad, orden público, utilidad pública, emergencia, etc.) constituyen teóricamente conceptos jurídicos indeterminados y, por ende, aprehensibles sólo intelectivamente en todos los casos, sin hacer el análisis referido.

Aceptar, entonces, que el procedimiento de concreción de un concepto jurídico impreciso sea sólo intelectivo, negando la posibilidad de que éste, según el caso, pueda ser también volitivo o discrecional, importa en mi criterio un grave error, capaz de acarrear la eliminación de la discrecionalidad, y, por ende, promover el control judicial total. Asimismo, podría generar innumerables inconvenientes en la praxis administrativa y judicial, ya que bastaría la mención de ellos por la norma para deducir que, al presuponer un razonamiento objetivo, todo es controlable sin distinguir, con precisión, cuándo hay en verdad discrecionalidad y, por consiguiente, limitación del control.

Por todo ello, concluyo en que los conceptos jurídicos indeterminados sólo sirven parcialmente para delimitar el uso de la discrecionalidad, por cuanto esto depende de la posibilidad de utilizar parámetros objetivos o no en su realización concreta.

La prudencia frente a soluciones medianamente aceptables, y el coraje ante el abuso, la arbitrariedad, el error manifiesto y la injusticia, constituyen pautas rectoras que el juzgador debe tener presente.

VI. TRES VARIANTES DE CONCEPTOS JURÍDICOS INDETERMINADOS

Existen tres tipos de conceptos jurídicos indeterminados: a) indeterminados determinables mediante la aplicación de una regla técnica o de experiencia de universal consenso donde es posible llegar a una solución justa pasando implícitamente a formar parte de lo reglado; b) indeterminados determinables mediante una regla o técnica de experiencia tolerable, una aserción justificada que pasa a formar parte de lo reglado donde es posible llegar a una solución aceptable; c) indeterminados determinables mediante la utilización de la facultad discrecional.

a)   Cuando se aplican estándares, reglas técnicas, científicas o de experiencia, de «universal consenso», si la idoneidad, la urgencia, la oferta más ventajosa, implican en el caso concreto actuar conforme a pautas ciertas, objetivas y universales, el control judicial es pleno y su operatividad no ofrece dificultad. No queda espacio para una valoración discrecional. Al admitirse sólo una solución como consecuencia de una regla o pauta de universal consenso y por ende determinable intelectivamente, todo ello se remite al bloque de lo regulado o vinculado.

b)   En los límites complejos, cuando el orden jurídico se remite a cuestiones técnicas de oscura comprensión o de difícil reproducción probatoria, juicios de probabilidad, etcétera, el Juez no declina su jurisdicción. En efecto, la solución dada por la Administración debe ser controlada por el Juez quien ha de contentarse con un juicio «tolerable», es decir, una «aserción justificada». La provisoriedad de la ciencia y de la técnica significa que la certeza absoluta a veces no existe, por lo que el Juez debe conformarse con una solución técnicamente aceptable cuya razonabilidad sea aprehensible en virtud de su motivación. La opinabilidad intrínseca de ciertas situaciones fácticas no reconducibles a pautas objetivas por medio de la interpretación no puede ser convertida en certeza por el

Administrador ni por el Juez. Esta misma opinabilidad pasa a formar parte del orden jurídico e implica que su realización o concreción se cristaliza siempre una verdad relativa, razón por la cual quien la ejecute como quien la controle debe conformarse con aproximaciones atendibles, razonables y suficientes. Si existen pequeños márgenes de opinabilidad corresponde a la Administración integrar el concepto.

c)   Cuando es posible elegir entre varias alternativas hay discrecionalidad. Cuando el orden jurídico se remite a varias técnicas aceptables, la selección de una de ellas incumbe a la Administración.

El juez o quien ejerce la función jurisdiccional no puede sustituir un juicio tolerable del Administrador por otro igualmente «tolerable» de él, porque ello implica violar la separación de poderes.

Como consecuencia de lo anterior no sólo es antijurídico el acto administrativo que vulnera las reglas ciertas y universales, sino también el que infrinja los criterios atendibles (falta de coherencia, disparidad de tratamiento, informes técnicos contradictorios, arbitrariedad en la verificación probatoria, etc.).

Es menester que los dictámenes técnicos y periciales informen en detalle cuáles son los aspectos perfectamente objetivables a la luz de las reglas respectivas, cuáles los tolerables, y cuáles admiten una mayor o menor grado de opinabilidad y, por ende, la posibilidad de elegir entre dos o más opciones válidas. Ello puede ser reglado en las leyes de procedimiento administrativo y códigos procesales.

Las pautas señaladas bien pueden ser aplicadas en la construcción del Consejo de Estado Francés cuando después de la «verificación» de los hechos existan vacilaciones en cuanto a la «apreciación» de los supuestos técnicos complejos; de igual modo pueden aplicarse en el derecho norteamericano para encauzar la llamada «discrecionalidad guiada» y su distinción con la verdadera discrecionalidad. Incluso podría aplicarse en aquellos ámbitos que admiten la teoría de los conceptos jurídicos indeterminados para frenar su inadecuado uso y la posible aniquilación de la discrecionalidad.

El ejemplo del justo precio en la expropiación que se ha utilizado para explicar la unicidad de solución justa en los conceptos jurídicos indeterminados, en mi criterio no es apropiado, pues el justo precio es susceptible de llegar a una solución justa con arreglo a pautas técnicas de universal consenso donde no es necesaria la discrecionalidad administrativa. Ello no se discutió en Argentina ya que el juez civil en base a pericias muchas veces modifica el precio. Lo que se trata es de establecer el valor justo. Esto no ocurre, por ejemplo, cuando se fija un régimen tarifario de un servicio público porque aquí a más del valor real del costo del servicio existen valoraciones de mérito, oportunidad y conveniencia (salvo que se haya pactado una pauta reglada de reacondicionamiento contractual).

Algunos de los factores que inciden a validar el reconocimiento por parte de la Justicia de una porción de discrecionalidad en favor de la Administración en casos complejos, son los siguientes:

a)   Cuando la Administración «sustenta» la medida esgrimiendo razonados argumentos técnicos, convalidados por destacados especialistas o gabinetes reconocidos de la propia Administración, aun cuando sustantivamente no trasuntan una validez absoluta.

b)   Cuando el «procedimiento» seguido por la Administración sea coherente y sólido, mediante la intervención de los órganos técnicos idóneos de asesoramiento jurídico y control administrativo.

c)   Cuando para determinar cuál es la solución adecuada existan «varias opciones» que satisfacen el interés público y la Administración adoptó fundadamente una de ellas, es plausible que la justicia ratifique la validez de la decisión administrativa.

d)   Cuando la «complejidad técnica» es mayúscula se incrementan las posibilidades de validez de la actividad administrativa cuestionada. La jurisprudencia Máximo Tribunal Europeo, en estos supuestos para invalidar el acto, requiere que el error administrativo sea claro e inequívoco, grosero, manifiesto, explicitando un nítido «error manifiesto de apreciación»[20].

e)   Cuando los órganos de la Administración encargados de explicitar la solución adecuada (concursos, comisiones de adjudicación de obras y servicios públicos, etc.) estén revestidos de ponderables «garantías de objetividad», neutralidad, idoneidad e imparcialidad, y su decisión fuese suficientemente motivada (aun cuando el objeto de interpretación sea dudosa u opinable), las posibilidades de la Administración se incrementan en pro de la validez de su actuación.

VII. DIFERENCIAS CON LOS CONCEPTOS JURÍDICOS INDETERMINADOS DE OTRAS RAMAS DEL DERECHO

Los conceptos jurídicos indeterminados existen en la totalidad de las ramas del derecho. En el derecho penal, el abuso de autoridad, la alevosía, las dilaciones indebidas; en el civil y comercial, la buena fe, la diligencia de un buen hombre de negocios o padre de familia, entre otros. Lo mismo

---

20.   SSTJUE de 15 de octubre de 2009 Enviro Tech, C 425/09, 47.

sucede en el derecho administrativo, idoneidad, calamidad pública, interés general, etc. (Ortega Gutiérrez, 2011, p. 20).

Comparto plenamente el aserto precedente, salvo que en mi criterio la diferencia entre lo que ocurre en el ámbito del derecho administrativo es diferente a lo que sucede en el resto de las ramas jurídicas.

En efecto, los conceptos jurídicos indeterminados en el derecho administrativo son operativizados por la autoridad administrativa mediante la aplicación de: a) reglas técnicas, lógicas o de experiencia, de universal consenso donde es posible llegar a una solución justa; b) juicios tolerables, sustentables subjetivamente aun cuando tengan un pequeño ámbito de discrecionalidad; c) cuando no sea posible llegar a una solución justa, sino que hay varias opciones igualmente válidas para el derecho, en cuyo caso se aplica la discrecionalidad. Todo ello, por cuanto la indeterminación surge no sólo de la vaguedad del lenguaje sino de la complejidad técnica o científica, y aún de la propia naturaleza de las cosas.

En el derecho administrativo, cuando ya intervino un poder del Estado concretizando en la praxis la indeterminación en la manera descrita, a posteriori es susceptible la intervención de otro poder del Estado (el Judicial) para controlar la juridicidad de lo realizado por la Administración. En el supuesto a) el control es común al de otras ramas del derecho ya que, con arreglo a las pautas lógicas, técnicas o de experiencia, es posible llegar a una solución justa. En el supuesto b), el control es menos intenso. Si se comprueba que no hay verdad absoluta, aun cuando haya otra tolerable, no le incumbe al juez cambiar una por otra, sino sólo verificar si la elegida por la Administración encuadra en el orden jurídico. En el supuesto c), compete a la Administración en el marco de la división de poderes ejercer una facultad discrecional, debiendo el juez controlar si esa opción ha respetado los requisitos de juridicidad, sin sustituir su núcleo interno y sin cambiar la alternativa seleccionada por la Administración por otra igualmente válida para el derecho.

La Administración cuando completa o integra el concepto indeterminado no sólo lo hace utilizando ingredientes de juridicidad, sino buscando lo más conveniente, oportuno y útil para la sociedad.

En cambio, en las otras ramas del derecho no intervienen dos poderes del estado, sino que el destinatario directo encargado por el ordenamiento para rellenar la indeterminación es el juez. Su cometido es llegar siempre a una solución justa, pues no tiene la herramienta que tiene la Administración para buscar lo más conveniente mediante la discrecionalidad administrativa. Aun cuando en el ámbito interno pensemos que el juez, frente a la indeterminación del ordenamiento o la propia naturaleza de las cosas, tiene «discrecionalidad judicial» (prefiero denominar interpretación amplia), al estar obligado a llegar a una única solución porque es él quien tiene que decidir, acude a sus convicciones morales, a un criterio de justicia, de razonabilidad o proporcionalidad, a principios y valores, en definitiva. Su objetivo es lograr justicia dentro del derecho, intentando utilizar un método cognitivo, aunque a veces termine decidiendo volitivamente.

De allí que en mi modesto entender, los administrativistas que consideran que la concreción de los conceptos jurídicos indeterminados en el derecho administrativo, sólo permiten una «unidad de solución justa», mediante una actividad de cognición y no de volición, parecen seguir los mismos lineamientos de lo que ocurre en otras ramas del derecho, sin percatarse en las sustanciales diferencias apuntadas precedentemente respecto de lo que ocurre en el accionar administrativo (primer destinatario en rellenar la indeterminación) y su posterior control judicial.

Como lo sustenté en puntos anteriores, los conceptos jurídicos indeterminados de carácter administrativo pueden excepcionalmente integrarse con ingredientes de discrecionalidad, acto de volición no de cognición. Ello porque la Administración dispone de dos herramientas para integrar el concepto: lo reglado (proceso de cognición, reglas y principios) y lo discrecional (facultad de opción entre hipótesis igualmente válidas para el derecho mediante un acto volitivo buscando lo más conveniente para el interés público).

En cambio, el Juez como destinatario directo y obligado a llegar a una decisión jurisdiccional, aun cuando muchas veces busque dentro del orden jurídico (principios y valores) llegar a una solución justa y solo una, generalmente utilizará un juicio cognitivo y a veces, aún volitivo. Ello lo hace en forma conjunta, pues no tiene una herramienta como sucede en la Administración para diferenciar lo cognitivo (reglado) de lo volitivo (discrecional).

Si no comprendemos esta diferente realidad de lo que acontece en el ámbito del derecho administrativo respecto de lo que sucede en las otras ramas del derecho, no estaremos en condiciones de precisar correctamente cual es el rol del juez que controla a la Administración (y muchas veces del juez constitucional) a diferencia de quien juzga en las otras ramas del derecho.

Si aplicamos el mismo estándar de control para todos los tipos de derecho, para revisar judicialmente la actividad del Estado, corremos el riesgo de transformar a los jueces en gobernantes y sustituir a la Administración, al pensar que solo es posible llegar, en todos los casos a una solución justa. Ello no será correcto cuando es posible el uso de la discrecionalidad, ya que en estos supuestos, solo a la Administración le corresponde elegir la solución justa dentro del derecho.

De lo contrario, si recetamos el mismo tipo de control que tienen las otras ramas del derecho admitiendo la unicidad de solución justa en todos los casos, estaríamos desvirtuando gravemente la división de poderes y la zona de reserva de la Administración.

Así, por ejemplo, el honor, la reputación, el buen nombre, son conceptos jurídicos indeterminados que en su concreción práctica deben apreciarse y valorarse las concepciones morales y sociales existentes en un tiempo y en un lugar determinado.

En esta situación, el Tribunal Constitucional Español asume como aceptable que los «órganos judiciales dispongan de un cierto «margen de apreciación» a la hora de concretar en cada caso concreto que debe tenerse por lesivo del derecho constitucional que lo protege»[21]. También manifestó en este sentido que ello nos sitúa en el terreno de los demás que no son sino la gente, cuya opinión colectiva marca en cualquier lugar y tiempo el nivel de tolerancia o de rechazo. El contenido del derecho al honor es lábil y fluido, cambiante y, en definitiva, como hemos dicho en alguna ocasión, dependiente de las normas, valores e ideas sociales vigentes en cada momento[22].

Al respecto, es dable advertir que en este caso es el juez el destinatario directo, encargado de concretizar el concepto jurídico indeterminado y apreciar si en el caso concreto se ha afectado el honor reconociendo un «margen de apreciación» atento la dificultad de la subsunción.

En este marco excepcional, su contenido será rellenado (mediante una interpretación en sentido amplio) con los principios inmanentes del orden jurídico las convicciones sociales y, en definitiva, las valoraciones de lo que es justo, todo esto dentro del estilo del sistema jurídico vigente.

Si este mismo tipo de conceptos indeterminados, como el honor o la reputación, tienen que ser concretizables primero por la Administración, aun cuando se ajuste al mismo esquema de razonamiento que el Juzgador, tiene su marco de flexibilidad en su apreciación y valoración mediante el uso de la discrecionalidad, buscando también lo más conveniente al interés social. El control judicial posterior es diferente al procedimiento anterior, porque interviene en una segunda etapa, ya que, en este supuesto, el primer destinatario encargado por el orden jurídico para operativizar el concepto fue la Administración. De allí que la revisión judicial posterior se limita a controlar, con todos los ingredientes de juridicidad si ese «margen de apreciación» (discrecional), que utilizó la Administración encuadra dentro del ordenamiento, sin poder sustituir la pequeña porción de

---

21. SSTC 180/1999 de 11 de octubre, 297/2000, entre otros.
22. STC 185/1989, citado por Ortega Gutiérrez (2011, pp. 48, 49).

opinabilidad utilizada por otra igualmente opinable. Control más limitado pero control al fin.

Es decir que, en este último supuesto, no corresponde al Juez hacer la misma subsunción que le hubiera correspondido si él fuera el destinatario originario de rellenar el concepto. Su cometido es la realización de un control posterior diferente, similar a veces al de un Tribunal de casación respecto de sentencias dictadas por los órganos judiciales inferiores donde el control recae solo sobre determinados aspectos del razonamiento.

Otras veces, quien se encarga de concretar el concepto es el propio legislador. Con relación a la «insuficiencia de los recursos para litigar» o al «nivel mínimo de subsistencia personal o familiar», el Tribunal Constitucional Español ha señalado que «es claro que la determinación de cuál es el nivel económico de subsistencia de las personas, corresponde determinarlo al legislador dentro del margen razonable de libertad que es necesario reconocerle cuando se trata de concretar un concepto indeterminado»[23].

En este supuesto, en mi criterio la tarea del juez que debe revisar la constitucionalidad del criterio plasmado por el legislador en la norma, debe ajustarse a las pautas explicitadas precedentemente, haciendo un control de juridicidad sin sustituir el margen de apreciación ya concretado por el Legislador, por otro igualmente razonable.

El mismo Tribunal Constitucional Español (Sent. 96/2002) avalando el margen de apreciación que tiene el Legislador ha manifestado que este poder del Estado tiene «una amplia libertad de configuración normativa para traducir en regla de derecho las plurales opciones políticas que el cuerpo electoral libremente expresa a través del sistema de representación parlamentaria».

El Juez Rossatti[24] expresó que «es necesario recordar que los espacios de decisión del político y del juez son distintos. El político —constituyente, legislador o administrador— tiene un amplio abanico de posibilidades para decidir conforme a un marco normativo general (que en ocasiones el mismo puede modificar), a su ideología y a su prudencia, el juez debe hacerlo dentro del estrecho límite de la Constitución y de las normas dictadas en su consecuencia. (…) Si el juez intentara suplir al político, proyectando su forma de pensar (en suma su disconformidad con la decisión política) en descalificación jurídica, estaría excediendo su competencia y violentando la división de poderes».

Los conceptos jurídicos indeterminados tienen dificultades en su concreción atento la incertidumbre del ordenamiento, su oscuridad o

---

23.   TC Esp.Sent. 113/1989.
24.   CSJN, Fallos 341:1869 y 353:2020

indeterminación, sumado a veces, a la propia mutabilidad de la naturaleza de las cosas. Empero, su costado positivo, es que la autoridad administrativa o judicial, como destinatarios primarios en operativizar el concepto, pueden llegar a una mejor solución en base a los factores que inciden directamente en el caso concreto.

Por todo ello, el consejo práctico que me permito sugerir, es preguntarse: a) a quién el orden jurídico autoriza a integrar o concretar el concepto indeterminado (al juez o al administrador, b) cómo se integra o rellena en cada caso.

Ya hemos explicitado cuál es el rol que le corresponde en su caso a quien operativice primero el concepto. Solo cabe recordar nuevamente que la función administrativa desempeña una actividad cognocitiva hasta cierto punto, lo demás es rellenado mediante una valoración subjetiva del órgano idóneo competente.

Es cierto que como principio general la norma propicia la realización de un juicio objetivo, pero también es indudable que quien redactó la norma no puede ignorar la complejidad de la naturaleza de las cosas o de las situaciones que necesariamente debe interpretar quien se ocupe de la concreción efectiva del concepto.

Tradicionalmente se ha señalado que «…Evaluar el daño moral significa medir el sufrimiento humano. Esto no solo es imposible de hacer en términos cuantitativamente exactos, sino que es una operación susceptible de ser fijada en términos de validez general o explicada racionalmente. Cada juez pone en juego su personal sensibilidad para cuantificar la reparación, la cantidad de dinero necesaria para servir de compensación al daño. Es la que sugiere caso por caso sus particular apreciación y comprensión del dolor ajeno»[25].

Si el propio orden jurídico da claras directivas respecto de quien debe integrar la indeterminación específica y presupone implícitamente la dificultad de su operatividad, es lógico suponer que el margen de apreciación lo tiene el operador pertinente: a) juicios objetivos y porcentajes de discrecionalidad, la Administración; b) interpretación amplia, el juez. Si ese margen de apreciación lo debió realizar la Administración, no puede ser sustituido por el juez salvo que sea arbitrario, irrazonable, desproporcionado u otro vicio de juridicidad. Lo que no puede hacer el juez es anular o sustituir un razonamiento o margen de apreciación opinable por otro igualmente opinable.

---

25. TSJ Córdoba, Sents. 44/06, 134/12, 3/15, entre otras.

Capítulo 4
Revisión judicial de las técnicas ciertas, tolerables, opinables y complejas

I. LA CIENCIA NO SUMINISTRA VERDADES ABSOLUTAS

Si la ciencia sólo suministra hipótesis provisorias, sus afirmaciones pueden ser más o menos confirmadas, pero en calidad de suposiciones probables, no de verdades definitivas. El conocimiento científico se va perfeccionando cada día, por lo que sus teorías se renuevan permanentemente. Comenta Bohm (1989, p. 89) que el físico inglés Stephen Hawking propuso la teoría de los agujeros negros en el espacio que alcanzó prestigio internacional; sin embargo, en los últimos años el autor niega la teoría que la comunidad científica le reconoce como propia, argumentando con serenidad que tiene una nueva postura alternativa que le satisface más.

Según Millas (1970, p. 109) «A partir de una idea, de un principio central, o de un pequeño conjunto de tales ideas y principios, buscan —los pensadores— una solución coherente, lógicamente continua, de los problemas fundamentales».

Esta afirmación sobre la actividad filosófica es trasladada si no a la totalidad del conocimiento científico, sí a aquellos puntos en los cuales la opinabilidad domina sobre la certeza.

Con razón se ha dicho que «la ciencia se puede ocupar de valores, pero no los puede afirmar, con lo cual puede únicamente aceptar la validez de ellos en forma siempre tan sólo hipotética» (Kraft, 1967, p. 258). Esto también relativiza la posibilidad de que en ciertos casos se pueda llegar a una solución unívoca.

El valor de toda técnica que surge de la relación medio-fin es la utilidad. Esta perspectiva funcional pone en evidencia que el fin perseguido se ha logrado aun cuando para su realización se hayan empleado suposiciones probables.

Frente a esta realidad innegable que a menudo no consiente verdades definitivas sino suposiciones probables, cabe preguntarnos cuál es la intensidad del control que el juez efectúa sobre los actos estatales impregnados de formulaciones técnicas y científicas.

II. ESTADO ACTUAL DE LA JURISPRUDENCIA. NECESIDAD DE UNA VISIÓN CORRECTIVA

En el sistema italiano, la valoración de las características histórico-artísticas y culturales-ambientales de los bienes tutelados tiene un profundo contenido discrecional en lo atinente a la elección de la solución que salvaguarda el interés público con el menor sacrificio de los particulares. No obstante, los límites impuestos por la juridicidad quedan asegurados. Los principales vicios detectados son los siguientes: error en los presupuestos básicos, desviación o falsedad de los hechos por haber perdido valor el bien a tutelar, defectos en la motivación, disparidad de tratamiento, ilogicidad del íter procedimental, etc.[26].

En los casos de valoraciones «médico-legales», se ha sustentado que el control no puede extenderse al mérito o lo que denominan «discrecionalidad técnica» de los criterios adoptados por los órganos administrativos especializados, salvo error de hecho, irrazonabilidad o contradicción[27].

Cuando hay dictámenes opuestos carecen de validez los que se formulan en forma abstracta e hipotética[28].

Cuando el acto ha omitido el análisis de determinados elementos o consagrado un juicio irrazonable, el Consejo de Estado italiano lo ha fulminado por «ilogicidad» por el vicio del exceso de poder[29].

Existen elementos fijos que se sujetan a pautas regladas, y elementos elásticos cuya flexible operatividad práctica queda a cargo de la Administración, que en virtud del pleno conocimiento de los hechos pondera los intereses en juego.

En síntesis, la jurisprudencia italiana utiliza dos mecanismos: *a*) el exceso de poder, abarcador del error en los hechos, disconformidad, ilogicidad, irrazonabilidad; *b*) la violación de la ley, concerniente al bloque reglado y a las normas procedimentales. En rigor de verdad, todo debería

---

26.   Const. Stato, sez. VI, 6/10/1986, n°. 768, *Rass. Cons. Stato*, 1986-I-1566; sez. VI, 4/6/1976, n°. 251, *Rass. Cons. Stato*, 1976-I-828; sez. IV, 24/11/1978, n°. 1034, *Rass. Cons. Stato*, 1978-II-1623.

27.   TAR Lasio, sez. I, 16/2/1983, n°. 118; TAR Lazio, sez. I, 16/5/1987, n°. 1057.

28.   TAR Trentino-Alto Adige, 1/7/1988, n°. 248, *Foro Amm.*, 1989, p. 864, comentario de Giorgio Pelagatti.

29.   Cons. Stato, sez. VI, 15/5/1963, n°. 246, *Foro Amm.*, 1963-I-719; sez.IV, 22/12/1964, n°. 1590, *Foro Amm.*, 1964/I/1435; sez. IV, 27/5/1977, n°. 533, *Rass. Cons. Stato*, 1977-I-176; sez. IV, 18/3/1980, n°. 270, *Rass. Cons. Stato*, 1980-I-179.

encuadrar en el vicio de «violación de ley», que en esencia es de violación de la juridicidad, salvo la irrazonabilidad de la apreciación de la discrecionalidad, que corresponda al exceso de poder.

El error técnico perceptible al momento de la verificación y apreciación de los hechos es un vicio de juridicidad, no de mérito, razón por la cual es plenamente controlable por el juez. Sin embargo —como dice una de las más interesantes sentencias del Tribunal Supremo español—[30], «desbordaríamos el ámbito de lo jurisdiccional si ante soluciones técnicas distintas, margináramos la que, a juicio de los técnicos municipales, es más conveniente, y siguiendo el criterio de otro técnico, llamado como perito al proceso, impusiéramos al Ayuntamiento, por la vía de la estimación del recurso, otra solución, pues habríamos sustituido el criterio del técnico municipal por el del perito, y la apreciación de la corporación por nuestro juicio, con desbordamiento de lo que es el control jurisdiccional; y decimos esto porque ni es cometido del perito procesal valorar cuál de varias propuestas es más ventajosa para el interés público, ni podrá decirse ante soluciones técnicas distintas para cuestiones que son opinables, que la apreciación del órgano actuante tenga que ser sustituida; a lo que tenemos que agregar, recordando la sentencia del Trib. Sup. del 23 de octubre de 1959, que el error en la apreciación de la Administración ha de estimarse exclusivamente en los casos que no admita duda y su existencia sea evidente e incontrovertible».

La jurisprudencia española utiliza la figura de los conceptos jurídicos indeterminados para señalar el carácter reglado de la ordenación urbanística. Sin embargo, admite que los preceptos normativos muy vagos abren paso a la discrecionalidad[31]. Lo mismo sucede con la potestad sancionatoria, ámbito en el cual se subraya el carácter reglado de la actividad, aun cuando se admita que ciertas normativas califiquen como discrecional la cuantificación de las multas a imponer[32].

Como veremos oportunamente, la jurisprudencia francesa alcanza su hito más importante en lo que se refiere al control de la discrecionalidad, con el denominado «error manifiesto de apreciación». Se respeta la discrecionalidad, salvo el supuesto excepcional de decisiones administrativas notoriamente desviadas y arbitrarias. El uso prudente de esta técnica de control es la única forma de salvaguardar el principio de separación de poderes, y, en consecuencia, la zona de reserva de la Administración.

---

30. T.S. español, sent. del 10/12/1973, *Rep. Jurispr. Aranzadi*, p. 5060.
31. T.S., sent. del 17/6/1989, sala 3ª, sección 1ª, Ar. 4730.
32. T.S., sent. del 9/3/1989, sala 3ª, Ar. 2426.

En el pensamiento inglés, la verificación acabada de los hechos está fuera de toda duda; en cambio, la apreciación de la oportunidad, si bien se reserva a la autoridad administrativa, tiene en ocasiones un campo más amplio que el de los sistemas continentales (Criscuoli, 1981, p. 18 y ss.).

El sentido común orienta la propia decisión jurisdiccional con un criterio pragmático. La pregunta que normalmente se formula al juez inglés es si la solución del caso funciona lógicamente en el ámbito social en el cual se inserta (Loughlin, 1978, p. 238 y ss.). Por lo demás, el juzgador respeta que la discrecionalidad sea ejercida solamente por la autoridad a quien la ley confirió el poder necesario. La razonabilidad, la estructura lógica y el examen detenido de la motivación del acto conforman su perfil característico.

En Estados Unidos frente a cuestiones técnicas complejas o medianamente aceptables el control judicial es limitado, concediéndole a la Administración «deferencia» en la interpretación realizada. Se considera que los tribunales no son super entes administrativos con poder suficiente para invalidar la elección administrativa entre construcciones legales razonables (Tawil, 1993, p. 342 y ss.)[33].

Sin embargo, el caso más paradigmático sobre esta importante temática, es el que ocurre en Estados Unidos donde la Corte Suprema de ese país ha tenido la oportunidad de pronunciarse, sentando una jurisprudencia que se mantiene invariable en la actualidad.

Me refiero a la famosa sentencia «Chevron v. Natural Resources Council» de 1984. La problemática versaba en torno a regulaciones efectuadas por la Agencia encargada de combatir la polución ambiental con relación a la inclusión dentro de un mismo bloque a las distintas instalaciones de un mismo grupo industrial. En primera instancia la justicia se opone a la regulación efectuada por la Agencia considerándola contraria a la ley, no obstante subrayar que la propia legislación no definía con claridad quiénes debían incorporarse a dicho bloque.

La Corte Suprema de Estados Unidos anula la sentencia de primera instancia sustentando la conocida doctrina de la deferencia administrativa. Advierte que cuando el Congreso es ambiguo o poco claro, el juez no puede efectuar una interpretación subjetiva de ley sin analizar previamente la razonabilidad de la interpretación realizada por la Agencia o la Administración respectiva.

En síntesis, el tribunal debe otorgar «deferencia» a la interpretación realizada por la Administración excepto que llegue a la conclusión de que

---

33. También se sugiere consultar a Morena del Río (1999, ED, 13/4/1999).

es arbitraria, absurda o irrazonable. De allí que se ha manifestado que este precedente obliga a los jueces a analizar la cuestión en dos etapas: en la primera, si después de estudiar detenidamente la ley se llega a la conclusión de que es suficientemente clara, allí se verifica si la decisión administrativa encuadra o no en la nítida voluntad legal, razón por la cual ello no ofrece dificultad. En cambio, si la normativa legal es ambigua, oscura, o silencia algunas materias, existe un segundo paso que es considerar atentamente la interpretación o integración del concepto realizada por la Administración y controlar ya no si la interpretación de la ley es correcta, sino si la decisión administrativa es razonable o aceptable, aun cuando fuere opinable. En caso afirmativo resulta de aplicación la doctrina de la deferencia en favor de la Administración (Scalia, 1989, p. 511 y ss.; Merril, 1994, p. 362 y ss.; García de Enterría, 1998, p. 185 y ss.).

Siguiendo este mismo criterio, en la sentencia «Stinson v. United States», manifiesta la Corte Suprema de Estados Unidos, que según Chevron, si una ley no es ambigua es la ley la que decide; sin embargo, si el silencio o la ambigüedad del Congreso ha dejado un espacio para que la agencia lo rellene, los tribunales deben otorgar deferencia a la interpretación de la agencia (Schwartz, 1994, p. 326).

Téngase presente que en el derecho norteamericano las agencias ocupan un lugar relevante en el cumplimiento de los fines de la Administración, aun cuando mantengan relativa independencia del Ejecutivo. Su especialización y profesionalismo se pone en evidencia en las diferentes áreas en las que actúa, económico, ambiental, social; ejercitando potestades discrecionales entremezcladas con cuestiones técnicas.

La revisión judicial se limita a examinar si la construcción administrativa cuenta con sustento jurídico aceptable, si el procedimiento seguido por la agencia es el correcto. Los jueces tienen gran respeto en la capacidad técnica y científica de las agencias cuando ejercitan el control de las cuestiones de hecho. Sólo se anula lo que se considera ostensiblemente arbitrario, con abuso de la discrecionalidad, inmotivado, jurídicamente inaceptable.

Aun cuando la jurisprudencia es vacilante respecto de cuál es el parámetro de razonabilidad a aplicar, Schwartz (1994, p. 616 y ss.) enuncia diferentes tipos de uso abusivo de la discrecionalidad: fin desviado o inapropiado, falta de motivación, causa errónea o extraña, fundamentación legal o fáctica errónea, omisión en considerar los motivos importantes, apartamiento del precedente sin justificación aceptable, entre otros.

En nuestro país la jurisprudencia en general sostiene que las cuestiones que recaen sobre materias de gran complejidad técnica sólo son revisables judicialmente ante «razones de grave entidad o arbitrariedad palmaria y evidente»[34]. También se ha sustentado que cuando la técnica de la actividad en cuestión sea erróneamente aplicada, corresponde la revisión judicial[35].

En general, se requiere que el error sea de entidad suficiente, y si bien se reconoce la revisión judicial de la correcta aplicación de la técnica, se lo hace con prudencia y restricción. También se controla el procedimiento, la motivación, la causa, el objeto, la razonabilidad, como fuentes probables de vicios de juridicidad (no de discrecionalidad).

A partir de esta sumaria referencia jurisprudencial contemporánea y sin perjuicio de la que se analizará después, es posible efectuar las siguientes observaciones: *a*) no se diferencia claramente si las reglas técnicas aplicadas son de consenso universal o tan sólo opinables (para establecer las consecuencias jurídicas respectivas); *b*) tampoco se delimita con precisión la «zona de reserva de la Administración» (no es suficiente utilizar el argumento de la división de poderes); *c*) el control judicial se reduce ostensiblemente cuando se trata de materias de gran complejidad técnica; *d*) no se expresa nítidamente cuando hay discrecionalidad; *e*) se confunde, a menudo, el control de la juridicidad relacionada con los límites y el ejercicio de la discrecionalidad con el control de su interior.

Asimismo, lo que considero «frustración» de ciertas concepciones, como la teoría de los conceptos jurídicos indeterminados, la discrecionalidad técnica, la valoración técnica exclusiva, y demás posturas analizadas, pone en evidencia un oscuro panorama frente a casos complejos.

Esto no puede revertirse ni siquiera acudiendo a metodologías «mágicas», como la interpretación extensiva o la libre convicción judicial, viables en situaciones límite de otras áreas del derecho, pero no en las del ámbito administrativo, que cuenta con el instrumento de la discrecionalidad.

Se ha perdido mucho tiempo pensando que el clásico silogismo judicial es trasladable a la función administrativa y su ulterior revisión judicial, en lugar de profundizar en su diversidad intrínseca, y a partir de allí buscar nuevas soluciones.

Repito una vez más: la Administración tiene la forma de dirimir la opinabilidad de supuestos alternativos aplicando un juicio subjetivo en pro de un ideal de oportunidad o conveniencia. ¿Por qué quitarle este cometido, que en exclusividad le pertenece, acudiendo a estrategias

---

34. Cám. Nac. Cont. Adm. Fed., sala II, 7/10/1980, «Israel Lerev v. resolución 441/1977 del Banco Central»; Cám. Nac. Cont. Adm. Fed., sala II, «Buque Motor Cleopatra», ED, 91-237; CSJN, *Fallos*, 268:340, 280:284 y 293:691.
35. Cám. Nac. Cont. Adm. Fed., sala II, «Minondo v. Gob. Nacional», LL, 1977-D-247, con nota de Micele; también ver al respecto comentario de Mairal (1984, p. 681).

implementadas para otro ámbito funcional? ¿Por qué querer cambiar so-lapadamente una valoración subjetiva por otra de igual naturaleza cuando el propio ordenamiento pretende que el ingrediente volitivo sea más de mérito que de justicia?

Todo esto nos incentiva a ensayar proyecciones diferentes, como las que siguen.

III. EL CONTROL JUDICIAL DE REGLAS DE UNIVERSAL CONSENSO: TÉCNICAS, CIENTÍFICAS, DE EXPERIENCIA, ESTÁNDARES JURÍDICOS

La comprobación y valoración de los hechos afirmados en la premisa menor del silogismo se realiza sobre la base de conocimientos comunes o del saber técnico especializado. Se aplica entonces el sentido común, la concepción corriente, la conducta del tráfico normal, o bien aptitudes y conocimientos específicos concernientes a determinadas artes o profe-siones.

En estos supuestos, la regla de conocimiento común o especializado pasa a formar parte de la misma norma jurídica.

Según Stein (1893, p. 21 y ss.), las reglas de la experiencia sirven para deducir de un hecho conocido como uno desconocido, y las define como «juicios hipotéticos de contenido general, independientes del caso con-creto a decidir en el proceso y de sus circunstancias singulares, adquiridas mediante la experiencia, pero autónomas respecto de los casos singulares de cuya observación se infieren, y fuera de los cuales presentan valor para otros casos».

El procedimiento de adecuación del supuesto fáctico a la regla se des-compone en las siguientes fases: *a)* percepción de los hechos; *b)* indica-ción de la regla de experiencia común o técnica; y *c)* aplicación de ella al caso concreto.

La jurisdicción «de legitimidad», que actualmente se debería denomi-nar «de juridicidad», tiene por objeto controlar y asegurar la conformidad de la actividad administrativa al orden normativo y principio lógico ob-jetivo.

Las reglas técnicas o científicas (conocimiento especializado), las reglas de la experiencia (conocimientos prácticos comunes), como los estándares jurídicos (conductas de personas), se subsumen en el orden jurídico por remisión expresa o implícita de éste. Aun cuando el reenvío no surja tácitamente del ordenamiento, las pautas referidas pueden tener igualmente relevancia jurídica por el conocimiento acabado de los hechos y la apreciación de la prueba con arreglo a la sana crítica racional.

El contenido de las reglas será el que determine la ciencia, la técnica, la experiencia, o el comportamiento social, en la situación en que se concretice el acto administrativo respectivo.

Cuando las condiciones sanitarias de una zona, la salud, ruina, peligro, belleza, calidad de los materiales de una obra, contaminación ambiental, mal estado de alimentos, profundidad de los cimientos de un edificio, resistencia de una capa freática, acústica de una sala, impliquen en el caso concreto actuar conforme a pautas ciertas, objetivas y universales, el control judicial es pleno y su operatividad no ofrece dificultad alguna. En esta hipótesis no queda espacio para una valoración discrecional porque no existe «elección». Al admitirse sólo una solución como consecuencia de la aplicación de una regla o pauta universal, objetiva, y, por ende, determinable intelectivamente, todo ello se remite al bloque de lo «regulado» o «vinculado».

El Tribunal Supremo español en la sentencia del 4/4/1988 avanza en la intensidad del control con relación a las determinaciones y calificaciones que se realicen en materia urbanística con estas palabras: «...la solución técnica en que se concrete la discrecionalidad debe venir respaldada y justificada con los datos objetivos sobre los cuales se opera, de tal manera que cuando conste de manera cierta y convincente la incongruencia o discordancia de la solución elegida con la realidad a la que se aplica, la jurisdicción contenciosa debe sustituir esa solución..., con el fin de que se traspasen los límites racionales de la discrecionalidad y se convierta ésta en causa de decisiones desprovistas de justificación fáctica».

En Estados Unidos a veces se profundiza el control de las cuestiones técnicas, a través de la racionalidad del procedimiento decisorio de la Administración. En el caso «Ethyl Corporation v. Enviromental Protection Agency»[36] relacionada con los riesgos que producían los aditivos de la nafta, el juez Wrigt sostuvo que «no existe contradicción en conceder deferencia y exigir que el tribunal revisor se introduzca en las cuestiones de prueba más complicadas; por el contrario, ambas indican que la revisión de lo arbitrario y caprichoso se encuentra cuidadosamente balanceada. El minucioso escrutinio de la prueba tiene por objeto educar al tribunal. Debe entender suficientemente los problemas a que se enfrenta el ente para comprender el significado de la prueba sobre la que éste descansará y la que desechará; las cuestiones examinadas por el ente y las no examinadas; las alternativas a las que enfrentará y las elegidas. Mientras más técnico sea el caso a revisión, más intenso debe ser el esfuerzo del tribunal

---

36.   541 F. 2d 1 D.C.Cir 1976; Tawil (1993, pp. 368 y 369).

para comprender la prueba, ya que, sin la apropiada comprensión del caso frente a él, mal puede el tribunal ejercer su función revisora. Pero tal función debe ser ejercida con clara conciencia de su limitada naturaleza».

En cambio, en esta misma causa el juez Bazelon considera que el mejor método para que los tribunales protejan a los ciudadanos de las arbitrariedades administrativas no es introduciéndose en los méritos técnicos de cada decisión —en tanto ello configuraría la arbitrariedad de los tribunales frente a su falta de conocimiento en cuestiones técnicas que exceden el ámbito del ordenamiento jurídico— sino controlando que el proceso decisorio asegure una decisión razonada que pueda exponerse al examen exhaustivo de la comunidad científica y del público.

En el ordenamiento comunitario, incluido el italiano, se presta gran atención a la construcción del proceder administrativo, censurando la ilogicidad, la irrazonabilidad, la falsedad de los hechos, la desviación de poder; siendo prudentes al momento de verificar las reglas técnicas, especialmente cuando se relacionan con el mérito, no obstante las fuertes tendencias doctrinarias para ampliar el control (del Signore, 2000, p. 182 y ss.; Luiso, 2000, p. 326 y ss.; Saporito y Cintioli, 2001, p. 914 y ss.).

En definitiva, esta problemática debe ser controlada por el juez en el fondo de la cuestión, analizando detenidamente el marco normativo como la situación fáctica planteada.

Ahora bien, en algunos supuestos la clave de la cuestión consiste en indagar cuál es la graduación del control: a) control intenso; b) control menos intenso.

a)   El control intenso implica que el juez no sólo analiza si la construcción administrativa cuenta con sustento técnico y jurídico aceptable, si el procedimiento seguido es el correcto, si el acto está motivado, es lógico y razonable entre otros aspectos, sino que, esencialmente, va a verificar la exactitud técnica del contenido intrínseco del acto o producto final de la decisión. Ello a través de los peritos, y los diversos medios de prueba regulados procesalmente.

Éste es el camino apropiado cuando deben aplicarse reglas técnicas o científicas de universal consenso, es decir, pautas aceptadas por los especialistas sin discusiones. Lo mismo ocurre con las reglas de experiencia o estándar de conducta, aceptados en forma normal e indiscutible por la comunidad.

Y si el acto no ha respetado ese tipo de técnica o pauta, debe ser anulada por el juez. Aquí no hay sustitución de una decisión administrativa ni invasión de la zona de reserva de la Administración, porque esa regla técnica pasa a integrar el mundo de la juridicidad por remisión del orden jurídico a una regla científica o técnica de validez incuestionada. Consecuentemente, se trata de un vicio de violación de la ley.

Es importante recordar que ello ocurre generalmente con las ciencias exactas (física, química, matemática, biología, medicina, arquitectura, ingeniería, geología, etc.), en los cuales la opinabilidad es inexistente o reducida. Normalmente el aspecto técnico o científico se puede apreciar en su estado puro, sin connotaciones de apreciación del interés público con ponderaciones de mérito, oportunidad o conveniencia.

Así, por ejemplo, al analizar si un producto alimenticio es nocivo para la salud, el juez debe tener un conocimiento a fondo del hecho, la regla técnica aplicable, la calificación jurídica correspondiente, reproduciendo la construcción administrativa realizada. No basta un control negativo de los límites de la juridicidad, de la razonabilidad o la deferencia.

b)   El control es menos intenso cuando las reglas técnicas admiten márgenes de opinabilidad, o el juicio técnico está íntimamente entremezclado con ponderaciones del interés público donde anida la discrecionalidad. En este caso aun cuando debe analizarse detenidamente la regla técnica y sus márgenes de opinabilidad, debe prestarse más atención a la corrección del procedimiento administrativo desarrollado por la Administración, la ausencia de arbitrariedad o desviación de poder, la razonabilidad, la coherencia técnica, la logicidad, la motivación congruente, entre otros aspectos. Aquí los jueces depositan gran confianza en la capacidad técnica y científica de la Administración. Sólo se anula lo que se considera ostensiblemente arbitrario, con abuso de la discrecionalidad, inmotivado, juicio técnico inatendible o escasamente verosímil. El control se enfatiza en los límites negativos de la juridicidad, la razonabilidad y la deferencia.

Ello generalmente ocurre cuando se trata de técnicas o estándares que admiten, además de la evaluación científica, un grado de ponderación discrecional en función de los intereses públicos primarios o secundarios en juego. Esto es, una conjunción entre lo técnico y lo discrecional. Me refiero a las cuestiones relacionadas, con los pronósticos sociales, de salubridad o de seguridad, la prevención policial de una situación de perturbación o crisis, las valoraciones artísticas o históricas, la belleza panorámica, el peligro, la urgencia, entre otros.

Sólo para esta segunda hipótesis b), en mi opinión, resulta aplicable la interesante reflexión de Comadira (2000a, p. 7) recordando a Igartúa Salvatierra

> No compete, por ello, al juez, reconstruir el proceso valorativo realizado por el administrador; sólo le asiste, en nuestra opinión, la posibilidad de determinar si la decisión adoptada por éste está debidamente justificada. Y el alcance del

auxilio pericial del juez, en estos casos, no podrá ir tampoco más allá del análisis de esa justificación, sin incursionar en la valoración volitiva derivada de otras alternativas.

IV. CUANDO ES POSIBLE ELEGIR ENTRE VARIAS ALTERNATIVAS HAY DISCRECIONALIDAD

Cuando el orden jurídico se remite a varias técnicas históricamente aceptables, la selección de una de ellas incumbe a la Administración. No se trata de «discrecionalidad técnica», aunque sea concretada por profesionales o científicos, sino simplemente de discrecionalidad, en cuanto existe un margen de libertad.

Una vez agotado el análisis de la proposición normativa y de sus principios inmanentes, expresa o implícitamente condensados en el ordenamiento, sin poder distinguir claramente la actividad reglada de la discrecional, la observación de la propia realidad del acontecer administrativo se convierte en el factor decisivo para clarificar la identidad de los conceptos y estar en condiciones de predecir los efectos ulteriores.

El comportamiento humano, la calificación de una conducta, la proyección intencional del sujeto, la naturaleza intrínseca de los acontecimientos o elementos materiales, las cualidades valorativas, conforman, entre otros, el amplio espectro del supuesto fáctico de la realidad administrativa, objeto de subsunción y control.

La praxis demuestra que cuando los conceptos son encuadrables en hipótesis que describen objetos reales perceptibles con arreglo a pautas técnicas o de experiencia, son más fácilmente reconducibles a juicios intelectivos de naturaleza objetiva (ruina, contaminación, insalubridad, infracción de tránsito, sequía). En cambio, cuando es necesario efectuar meras valoraciones o apreciaciones, para aplicar el concepto normativo al caso particular, el elemento discrecional tiene mayor predicamento (indecoroso, inmoral, prestigio, probidad, etc.).

Como se ha referido en puntos anteriores, sólo se controla judicialmente la juridicidad del ejercicio de la discrecionalidad, no su intrínseca elección meritoria.

El juez indaga los hechos del pasado y declara la certeza, no crea el derecho. La Administración, cuando tiene que elegir una solución entre varias igualmente válidas, integra creativamente el ordenamiento agregando un nuevo elemento; se convierte entonces en un complemento necesario de la función legislativa.

Como expresa Calamandrei (1961, p. 121)

el juez es llamado a hacer obra no de voluntad sino de inteligencia, debe limitarse a aprehender, y a reproducir fielmente en su sentencia, la voluntad de la ley ya individualizada y concretada fuera de él; debe, en suma, ser el historiador de una voluntad ajena, que preexiste a su declaración y que debe considerar un evento ya acaecido de la realidad.

Si el cometido del juez es salvaguardar el orden jurídico, su deber es respetar la voluntad de ese mismo sistema que autoriza al poder administrador el ejercicio de una modalidad discrecional. Sólo una vez realizada esta valoración, podrá verificar si los requisitos de la juridicidad se han cumplimentado.

Podrían considerarse tres hipótesis en las que surja evidente la necesidad de acudir a la discrecionalidad: *a)* cuando la aplicación de una norma técnica puede comportar valoraciones de hecho susceptibles de dos o más apreciaciones igualmente válidas para el mundo científico y jurídico; es decir que existan varias técnicas, tan válida una como otra; *b)* cuando la norma contenga conceptos indeterminados flexibles cuya concreción operativa no pueda desligarse de ponderaciones de mérito, oportunidad o conveniencia; *c)* cuando las apreciaciones técnicas sean opinables, en cuyo caso no sería viable la sustitución por otro criterio que de todos modos sería opinable, atento la mutable naturaleza del objeto de interpretación; *d)* cuando después de la aplicación de una regla técnica cierta, definida, de universal consenso dentro de la especialidad de que se trate, deba determinarse una conducta posterior donde es necesaria la ponderación discrecional (por ejemplo, cuando la Administración constata la importancia artística de un inmueble porque técnicamente es indudable su relevancia, y *a posteriori*, debe optar discrecionalmente por expropiarlo o establecer otro tipo de limitación al dominio por razones de interés público).

Desde la perspectiva jurídica es indiferente uno u otro temperamento, por lo cual debe respetarse lo discrecionalmente decidido por la Administración.

V. EL CONTROL JUDICIAL DE LOS JUICIOS TOLERABLES. LOS CASOS LÍMITES COMPLEJOS

1. *El equilibrado alcance del control judicial*

Como se ha dicho, la universalidad absoluta de la naturaleza es sustituida por la «probabilidad» estadística, por lo que la imagen del mundo físico se reduce bajo esta nueva concepción (Azpurúa Ayala 1974, p. 39

y ss. y Hempel, 1973, p. 102). De tal manera el ámbito de la naturaleza, como el de la técnica y de la Administración, muchas veces, sabe contentarse con juicios probables que no coinciden con la validez objetiva de los «aprioris» lógicos.El deber ser jurídico no concuerda siempre con el mundo del ser que caracteriza la pura realidad.

Como es sabido «Nuestro conocimiento está lleno de supuestos; de modo que nuestro conocimiento más general, el de la existencia del mundo físico y de nosotros mismos, los seres humanos dentro de él, es un supuesto» (Reichenbach, 1953, p. 299; Larenz, 1966, p. 215 y ss.). Esta innegable realidad suscita importantes consecuencias en la problemática estudiada.

Cuando el orden jurídico se remite a cuestiones técnicas complejas de difícil comprensión o de imposible reproducción probatoria (por su característica intrínseca), la solución dada por la Administración debe ser controlada limitadamente por el juez, quien ha de contentarse con un juicio «tolerable», es decir, una «aserción justificada». La provisoriedad de la técnica y de la ciencia significan que la certeza absoluta no existe, por lo que el juez debe conformarse con una solución técnicamente aceptable, cuya razonabilidad sea aprehensible en virtud de su motivación. Las dudas de carácter científico o técnico no pueden ser dirimidas por el juez cuando ni la técnica ni la ciencia particular han podido arribar a una verdad de consenso universal; basta entonces que la respuesta dada por la Administración sea plausible.

Es la propia realidad del objeto o situación la que admite márgenes de opinabilidad. Cuando la objetividad del procedimiento de subsunción se agota, declina la labor interpretativa en sentido estricto y se acrecienta la apreciación subjetiva por medio de la discrecionalidad.

En otras palabras, la opinabilidad intrínseca de ciertas situaciones fácticas no reconducibles a pautas objetivas por medio de la interpretación, no puede ser convertida en certeza por el administrador ni por el juez. Esta misma opinabilidad pasa a formar parte del orden jurídico, e implica que su realización o concreción cristaliza siempre una «verdad relativa», razón por la cual quien la ejecute, como quien la controle, debe conformarse sólo con aproximaciones atendibles, razonables y suficientes.

En cambio, si el juicio técnico fuera improbable, la pauta científica inaplicable o el procedimiento desviado, los poderes del juez acrecen en su normal dimensión. En este sentido, los vicios más frecuentes son la incorrección o insuficiencia de las operaciones técnicas que sustentan la resolución administrativa; error en los presupuestos aplicables; incongruencia de la solución respecto de la verificación de los hechos; escasa verosimilitud o atendibilidad en los juicios; vicios en el procedimiento de concreción; etc.

Cuando se han utilizado metodologías técnicas correctas y la apreciación efectuada por la Administración es atendible, aun cuando se carezca de certeza absoluta, lo mismo puede considerarse que encuadra en la juridicidad.

Del razonamiento efectuado *supra* es fácil advertir que no sólo los juicios técnicos de universal consenso pueden ser revisados por el juez, sino también los tan sólo atendibles, aunque en sustancia admitan márgenes de duda: la opinabilidad no excluye de por sí el control judicial, porque se fiscaliza al menos la tolerancia de la solución dada por la Administración.

Con razón dice Aarnio (1979, p. 35 y ss.) que «en la dogmática jurídica no hay lugar para el concepto de verdad y en su lugar debemos contentarnos en conceptos *softer*, más blandos, como validez y aceptabilidad».

El juez puede, entonces, controlar la «conformidad» del obrar administrativo con la regla cierta e indiscutida, y la «tolerancia» con la regla aceptable.

Existen proposiciones normativas cuya indeterminación se relaciona con conceptos de una amplitud tal, que según el caso pueden convivir elementos de diversa naturaleza intrínseca, susceptibles de un juicio cognoscitivo o discrecional. Aquéllos pueden relacionarse con: *a*) juicios de valor; *b*) cuestiones técnicas complejas.

a)   La inmoralidad de un film puede ser aprehensible objetivamente, sin duda alguna, cuando el caso genera la aplicación inmediata de una pauta social uniformemente aceptada. En cambio, cuando la apreciación de la película despierta razonables dudas acerca de cuál es el patrón aplicable en un momento determinado, el pequeño margen de valoración subjetiva importa una modalidad discrecional. Si existen dos o más soluciones razonablemente tolerables por la sociedad, atento a su intrínseca dubitabilidad, parece prudente que la «elección» se deje en manos del órgano competente. El orden jurídico explícita o implícitamente así lo quiere, porque le encargó la Administración la concreción de la subsunción ante la particular realidad de los hechos, como autoridad de aplicación nata del ejercicio del poder de policía.

¿Cuál es el cometido del juez en este caso? Además de la profunda verificación de los hechos y de su calificación legal, ha de controlar la apreciación de la situación fáctica con arreglo a una pauta al menos tolerable, aunque de certidumbre «relativa».

Al no existir para determinados supuestos verdades absolutas, sino, en todo caso, aserciones justificadas, conjeturas aceptables, en definitiva, y teniendo presente que la valoración de la prueba con arreglo al principio de la libre convicción no debe aplicarse al proceso administrativo, parece coherente la solución proyectada. El juez termina su función al comprobar que los hechos han sido apreciados conforme a una pauta «razonablemente tolerable», por lo que en modo alguno puede sustituir la valoración efectuada por la Administración, por su libre convicción personal.

Este razonamiento es extensible a conceptos o realidades que, según el caso, admiten, en mayor o en menor grado, valoraciones sobre probidad, idoneidad, belleza, valor histórico o artístico, buenas costumbres, peligro, urgencia, emergencia económica, perturbación del orden público, pronósticos, proyecciones futuristas, etc.

El Tribunal Constitucional alemán[37] ha señalado que «hay conceptos jurídicos indeterminados que por la alta complejidad y particular dinamicidad de la materia regulada pueden ser de tal vaguedad y su concreción en el momento de la reconstrucción de la decisión administrativa de tal dificultad, que su control judicial chocaría con los límites funcionales de la jurisdicción».

Como es sabido, en el sistema norteamericano afirma que muchas veces las Agencias se encuentran en el medio de la ciencia y la política en cuanto, no obstante la aplicación de la metodología científica existente, no es posible en algunos casos arribar a resultados ciertos cuando se adoptan decisiones concretas. Ejemplifica que en teoría es posible para la ciencia determinar la peligrosidad de una cierta sustancia, pero las prolongadas experimentaciones necesarias para dicha verificación son a veces imposibles, razón por la cual la autoridad se ve obligada a establecer un *minimun* necesario. Esta decisión tiene una caracterización más política que científica, buscando equilibrar por un lado el riesgo y por el otro, la necesidad de decidir. De allí que reviste un rol central el proceso decisional de la agencia.

La revisión por el juez de los aspectos procedimentales de la decisión, adquieren un valor superlativo. Esta preferencia no sólo se funda en la convicción según el cual un contralor detallado del procedimiento es suficiente para garantizar la racionalidad de la decisión administrativa, sino en la circunstancia de que los jueces tienen una mayor experiencia para valorar estos aspectos.

Como he señalado anteriormente refiriéndome a la sentencia «Chevron v. Natural Resources Council», la Corte Suprema de los Estados

37. Auto de 17/4/1991, Bacigalupo, M., (1997, p. 65).

Unidos sostiene que debe otorgarse «deferencia» a la interpretación realizada por la Administración.

Empero, nos recuerda Tawil (1993, pp. 346, 357) que la deferencia lleva implícita una importante limitación: la decisión administrativa será respetada por los jueces a través de la deferencia, sólo si el órgano administrativo que emita la interpretación sea nominado por la ley como autoridad de aplicación o le confiera competencia alguna en la concreción de la norma.

Ante la creciente incapacidad funcional para programar materialmente soluciones idóneas en ámbitos complejos de la actividad administrativa, el legislador se ve compelido a sustituir la programación del contenido de las decisiones por una regulación detallada del procedimiento en el cual tengan participación los órganos técnicos y los sectores pertinentes de la comunidad[38].

De allí que las normas constitucionales modernas, las de procedimiento administrativo y demás regulaciones de la actividad estatal, establezcan mayores garantías en el trámite administrativo mediante la participación de los usuarios, audiencias públicas, conferencia de servicios con los sectores interesados en la formulación de una política pública, y demás pasos procedimentales que aseguren el acierto de la decisión. Ello facilita la función del juez ya que se tratan de aspectos reglados susceptibles de control judicial.

b) Cuando el orden jurídico se remite a reglas técnicas o científicas de difícil comprensión, el esquema formulado *supra* es plenamente aplicable. En efecto, bastan las decisiones «tolerables». El control judicial recae sobre todo el comportamiento administrativo cognitivo, y cuando percibe márgenes más o menos amplios, de opinable aceptabilidad, en los que da lo mismo una solución que otra, la fiscalización declina, debiéndose respetar estos espacios de libertad rellenados por la Administración (pensemos, por ejemplo, en los problemas ambientales que a veces no son precisables científicamente en forma convincente).

En este caso el control judicial es menos intenso, pero control al fin. De allí que estoy en desacuerdo con lo resuelto en la causa «López de Reyes» donde la Corte Suprema argentina se limitó sólo al control a las cuestiones jurídicas no analizando las cuestiones técnicas por su alta complejidad[39].

---

38.   Creo oportuno recomendar la sonsulta a Bacigalupo (1997, p. 234); Barraza y Schafrik (1997, p. 14 y ss.); Tawil (1985-E-952 y ss.).
39.   CSJN, *Fallos*, 263:425; Tawil (1993, p. 397).

Se ha criticado a algunos estudiosos del derecho administrativo en cuanto adoptaron un criterio sumamente extensivo de la interpretación, al considerar que no sólo constituye un instrumento para comprender cabalmente el significado de la norma dentro del sistema jurídico y sus fines, sino también para suministrar soluciones creativas cuando la duda no es eliminable (Presutti, 1931, p. 192 y ss.). El objetivo buscado, en realidad, era incorporar la discrecionalidad dentro de la interpretación judicial para que el juez no tuviera ninguna excusa que le permitiera sustraerse al control.

Pretender limitar las atribuciones del poder administrador a fin de evitar la arbitrariedad no es una razón válida para entremezclar la interpretación judicial con la discrecionalidad, hecho que puede llegar a vulnerar los cimientos del sistema institucional y la seguridad jurídica. La interpretación no debe ser creativa en el campo del derecho administrativo porque ello puede implicar discrecionalidad; pero repito una vez más: los juicios discutibles bien pueden ser controlados por el juez, quien debe conformarse con su atendible razonabilidad. Llegamos entonces a un justo medio: el juez controla la juridicidad, no sustituye ni valora la oportunidad o conveniencia ya apreciada y seleccionada creativamente por la Administración.

2. *Juicios pedagógicos, concursos e idoneidad*

Una de las problemáticas más difíciles, que ha suscitado la preocupación permanente de la doctrina y la jurisprudencia del siglo XX, es la de los denominados «juicios pedagógicos», que comprenden: las calificaciones escolares, la oposición oral o escrita de los concursantes, la apreciación de los trabajos técnicos o científicos, etc.

Cuando se trata de verificar y apreciar elementos fácilmente objetivables, como la antigüedad, los antecedentes ocupacionales, el aspecto cuantitativo de las investigaciones y publicaciones, los cursos de perfeccionamiento, etc., cuyos puntajes son predeterminados expresamente por la norma, en verdad no existe problema alguno. Tales extremos pueden ser controlados por el juez siguiendo el procedimiento cognoscitivo desarrollado *supra*, en atención a las pautas regladas aplicables.

También puede ser perfectamente controlada la integración de los miembros del concurso cuando para la correcta evaluación se requiere una idoneidad técnica específica.

Así, por ejemplo, la Corte Constitucional Italiana[40] declaró antijurídica la norma de la ley regional siciliana que establecía en el órgano evaluador del concurso una mayoría representada por políticos y una minoría de especialistas técnicos en la materia a concursar. En el otro pronunciamiento la Corte Italiana siguió el mismo criterio cuando la mayoría estaba formada por representantes sindicales.

Sin embargo, la situación se complica cuando la indeterminación normativa deja espacios más o menos amplios en favor de la Administración, para que el tribunal académico o profesores de la materia, aprecien el valor concreto de una publicación, examen, oposición, concurso, etc.

Son diversas las soluciones dadas: desde el margen de confianza en favor de la Administración, que excepcionalmente reconocen ciertas teorías sólo para casos límites, hasta el ámbito de «discrecionalidad técnica», «valoraciones técnicas exclusivas», «apreciación insustituible», etc. Unas buscan el control casi total y otras la exclusión de toda fiscalización judicial. A ello se suman la interpretación amplia y la libre convicción, cuyos extensos campos parecen solucionarlo todo.

Analizaré a continuación una serie de supuestos a partir de los cuales, y en coincidencia o discrepancia con la jurisprudencia que comento, construiré mi personal propuesta sobre la polifacética cuestión.

a) Mérito de los participantes. Orden de prioridad. Propuestas razonadas. Jurisprudencia

Los méritos de los participantes de un concurso para proveer un cargo administrativo y la fijación del orden de prioridad de los mismos, no es, en principio, materia susceptible de revisión judicial, pues pertenece al ámbito de discrecionalidad técnica del poder administrador, que escapa al control de los otros poderes del Estado. Se trata de una cuestión vinculada al principio constitucional de separación de poderes, que debe ser cuidadosamente preservado. Empero, si el ejercicio de atribuciones privativas es ajeno al contralor del Poder Judicial, ello es a condición de que no se ejerzan arbitrariamente ni excediendo la órbita de sus propias facultades[41].

Los actos de los tribunales y comisiones de selección no pueden ser revisados por los tribunales de este orden jurisdiccional, salvo que vulneren las bases de la convocatoria con normas específicamente aplicables, o incurran en desviación de poder o notoria arbitrariedad, y en tales casos carecen de competencia para

40.   15 de octubre 1990, n 453, in Giur Cost 1990, 2713 y 23 luglio 1993, n 333, in Giur Cost. 1993, 2642.
41.   Cám. Nac. Civ., sala E, 28/12/1976, «Devicenzi de Gallardo v. Municipalidad de la Capital».

sustituir a los órganos de selección en la correcta calificación de los ejercicios o pruebas[42].

El tribunal entra en el fondo del asunto cuando llega al convencimiento de que la Administración ha obrado arbitrariamente... dado que la discrecionalidad técnica otorga un libre, pero no arbitrario ejercicio de su potestad a estos órganos administrativos[43].

El tribunal no puede enjuiciar el ejercicio de la potestad técnica ni sustituirla, debiéndose reconducir en el ámbito propio de su control de legalidad a los aspectos que la norma marca como regladas (órgano competente para calificar, procedimiento seguido, ausencia de indefensión, criterios de evaluación...), y que tienen una configuración netamente formal, sin perjuicio de controlar la posible existencia de una desviación de poder[44].

Es jurisprudencia constante de esta sala que los tribunales calificadores de concursos y oposiciones gozan de una amplia discrecionalidad técnica, dada la presumible imparcialidad de sus componentes, especialización de sus conocimientos e intervención directa en las pruebas realizadas, pues en principio los tribunales de justicia no pueden convertirse, por sus propios conocimientos o por los que le pueda aportar una prueba pericial especializada, en tribunales calificadores que revisen todos los concursos y oposiciones que se celebren, sustituyendo por sus propios criterios de calificación lo que en virtud de esa discrecionalidad técnica corresponde al tribunal que ha de juzgar las pruebas selectivas[45].

Los tribunales o comisiones de concurso se constituyen normalmente con una multiplicidad de procedencias en sus componentes dirigida a establecer no solamente la objetividad e imparcialidad del conjunto, sino también el valor circunstancial que debe darse a cada una de las pruebas o ejercicios en función de la finalidad de selección, de modo que según las plazas que traten de cubrirse, la Comisión puede considerar más o menos puntuales los diversos contenidos de las contestaciones, misión en la que no puede ser sustituido por ningún órgano administrativo ni jurisdiccional[46].

El Tribunal Administrativo Federal Alemán[47] ha expresado que en decisiones vinculadas a exámenes, el Poder Judicial puede controlar, por ejemplo, si la decisión del tribunal de evaluación se basó en consideraciones inadecuadas o inapropiadas, si el principio de igualdad fue respetado,

---

42. Trib. Sup. español, 8/7/1994.
43. Trib. Sup. español, 20/10/1993.
44. Trib. Sup. Castilla-La Mancha, 4/4/1994, Desdentado Daroca (1997, p. 70, y ss.).
45. Trib. Sup. español, sala 3, Sec. 7ª, 11/11/1992.
46. Trib. Sup. español, 5/6/1995, Ar. 4870.
47. BverFGE84,32(53s.

si se utilizaron escalas de evaluación reconocidas, o si se respetaron las reglas del procedimiento en cuestión.
Como bien expresa Ivanega (2010, p.1)

> si nos remitimos a la evolución de la jurisprudencia en el control de la discrecionalidad administrativa, verificamos que la Corte, en este caso de concurso universitario, no hace más que aplicar los criterios de sus precedentes en aquella materia, es decir, el control judicial a la luz de los principios generales del derecho y de elementos reglados del acto. Este enfoque no viola la autonomía universitaria, sino que permite enderezarla hacia la juridicidad.

Es fácil advertir que, para la jurisprudencia, sólo cuando sea evidente el error técnico incurrido por el tribunal calificador al considerar como correcta o incorrecta una respuesta conforme a la sana crítica, el control judicial es posible, pudiendo invalidar total o parcialmente el concurso, o bien disponer la retroactividad de las actuaciones. También la revisión del juez es indudable cuando existe notoria arbitrariedad, manifiesto error de apreciación o desviación de poder.

Con relación a las valoraciones técnicas más o menos discutibles, se ha señalado que

> En cualquier caso, aunque se asimila la actuación de los miembros de una comisión calificadora o evaluadora de méritos docentes, al ejercicio de una potestad administrativa, es evidente que su tarea es de carácter técnico, sin que este tribunal pueda corregir valoraciones no regladas por baremos fijos, ni entrar en juicios de preferencia por razón de la extensión de las exposiciones o del acierto de los proyectos y programas docentes propuestos por los concursantes o de los planes de investigación de los mismos[48].

> No se está en presencia de un concurso sujeto a un baremo, cuya aplicación, según los términos en que pudiera estar expuesto, viniera a suponer la necesidad de una aplicación reglada de alguno de sus conceptos, sino de la impugnación del resultado de un ejercicio oral de una oposición, en cuya valoración el tribunal calificador goza de lo que la jurisprudencia ha llamado discrecionalidad técnica, en lo referente a la medida de los méritos intrínsecos de las respuestas dadas por cada opositor, y que supone la inimpugnabilidad de los resultados de esa valoración, pues otra cosa supondría sustituir el juicio del tribunal calificador por el de los jueces[49].

> La competencia de un magistrado judicial llamado a intervenir para dilucidar sobre la validez de un concurso de profesores, se encuentra restringida al control de la legitimidad del procedimiento, siéndole vedado entrar a considerar

---

48. Trib. Sup. español, sala 3, Sec. 9ª, 2/11/1990.
49. Trib. Sup. español, sala 3, Sec. 7ª, 11/4/1994.

cuestiones de mérito u opinables que son de exclusivo resorte de las personas a las que se encomendó la misión de dictaminar y en los que cabe presuponer una mayor idoneidad al respecto[50].

La discrecionalidad técnica que se concede a la comisión especial tiene una cierta medida, que no se reconoce una discrecionalidad pura y absoluta..., lo que permite al titular un control judicial de la misma porque, aunque haya una sola apreciación conjunta en ella hay que integrar valores muy diversos: los uno de naturaleza objetiva y previamente determinados como la antigüedad en el escalafón, otros, de apreciación subjetiva como el valor de los trabajos científicos en la disciplina, pero siempre a través de una razonable ponderación lógica, que impida que el criterio último de juridicidad consista en aquel único juicio subjetivo, esto es, hay una cierta parcela reglada como en toda facultad discrecional ocurre, que no impide el control, aunque lo puede dificultar[51].

El examen de aptitudes al que debe proceder un tribunal de concurso es sobre todo de carácter comparativo y está amparado, por ello, en el secreto inherente a las deliberaciones, de forma que estas últimas sólo pueden someterse al control judicial en caso de infracción clara de las normas por las que se rigen las actuaciones del tribunal de concurso. Por otra parte este tribunal estima que hay que tener presente el alcance de su control sobre las decisiones adoptadas en materia de procedimiento de selección habida cuenta de la facultad de apreciación conferida... Este control se limita al examen de la conformidad a derecho de los procedimientos seguidos por la Administración, a la comprobación de la exactitud material de los hechos en que se basa la Administración para tomar su decisión y, por último, en la inexistencia de error manifiesto de apreciación, de error de derecho y de desviación de poder[52].

La justificación objetiva de todo juicio de valoración o estimación de hechos o datos es el presupuesto formal que separa la discrecionalidad de la arbitrariedad y constituye garantía imprescindible del correcto, congruente y adecuado ejercicio de las facultades administrativas que conllevan un juicio de dicha clase, como son las que se conceden para la selección de aspirantes a una plaza o cargo público en atención a méritos valorables según baremo legalmente preestablecido... Incide en infracción formal determinante de nulidad la propuesta de adjudicación de una vacante que se apoya en una valoración de méritos realizada sin determinar qué clase de méritos son ésos, ni la puntuación que corresponde a cada uno de ellos... La sentencia apelada no está sustituyendo el criterio valorativo del tribunal que formuló la propuesta, ni emitiendo juicio alguno sobre la mayor o menor aptitud profesional de los aspirantes, sino tan sólo corrigiendo esa infracción formal para que se

---

50.   Cám. Nac. Cont. Adm. Fed., sala I, 6/11/1986, «Sanclemente v. Gobierno Nacional - Universidad de Buenos Aires», DJ, 987-I-695, seleccionada por Feldman (1995, p. 8).
51.   Sentencia de la Audiencia Nacional Española, 14/11/1978.
52.   «Marcato», 17/3/1971; «Pérez Míguez», 2/3/1991; Sánchez Morón (1994, pp. 85, 86).

fundamente y se justifique en debida forma dicha valoración de méritos y se proceda a formular nueva propuesta a favor de quien resulte tener mejor derecho[53].

Si los principios generales y la normativa especial coinciden en una misma dirección, de exigir que la propuesta de la comisión especial examinadora estuviera suficientemente razonada, en el caso de autos, ello se debió hacer con doble motivo, puesto que el concursante que quedó eliminado presentaba superioridad sobre el ganador del concurso, en tres de los cuatro apartados relacionados..., sin que pueda presentarse como excusa para una motivación tan sumaria y superficial, como la empleada en esa ocasión, el hecho del examen de conjunto de todos los factores a tener en cuenta, ya que ello no debe interpretarse como la concesión de un poder discrecional, aparte de que en los actos discrecionales es donde más se precisa manifestar los motivos de la actuación por cuanto pueden influir en el fin último del acto[54].

El mandato legislativo o reglamentario de emitir propuestas razonadas por escrito apreciando conjuntamente los méritos de cada concursante, de ningún modo supone una apreciación genérica y global del conjunto de los méritos (sin especificar), sino que es preciso valorar individualmente cada uno de los criterios valorativos. Y dicha valoración individualizada y concreta debe consignarse en la motivación del acto que no puede consistir en ningún modo en meras afirmaciones vagas y genéricas[55].

La obligada apreciación conjunta de méritos exige previamente un análisis y ponderación por separado,...para realizar después una cuidadosa ponderación conjunta de los méritos alegados; y por ello se impone su análisis por separado, para saber la cantidad y la calidad de los méritos, determinantes, en cierta medida, a través de la técnica de la valoración conjunta, del resultado final, en una operación lógica, de conjunción, enlace y combinación de elementos[56].

En cada caso concreto en función de las características de la situación y la normativa contextual aplicable, corresponderá analizar si es viable la sola apreciación conjunta de los méritos o incluso la separada. La idoneidad técnica de quienes tienen que evaluar a los candidatos, la absoluta imparcialidad y objetividad, la transparencia, la razonabilidad del resultado

---

53. Trib. Sup. español, 9/6/1983.
54. Trib. Sup. español, 22/12/1975, En este caso la normativa exigía una apreciación conjunta de aspectos bastantes reglados, como la antigüedad en el escalafón, los servicios prestados en la cátedra, la superioridad del título académico y la labor docente. Mozo Seoane (1985, p. 333); ver comentario en Tawil (1993, p. 415 y ss.).
55. Trib. Sup. español, 22/12/1975, *Arazandi*, 4745, Gallego Anabitarte, Prólogo al libro de Mozo Seone (1985, p. 32).
56. Trib. Sup. español, 14/11/1978 y comentario de Gallego Anabitarte (1985, pp. 39-40).

y la decisión fundada, son de fundamental importancia en este tipo de procedimiento de selección.

Expresa con buen criterio Travieso (2002, p. 865 y ss.) que el ejercicio de la discrecionalidad técnica administrativa debe ser desempeñada dentro de los cauces habituales de legalidad, juridicidad y razonabilidad, aun cuando existan ámbitos amplios de valoración en la labor del jurado (mérito de los participantes, establecimiento de puntajes, orden de prioridad, apreciación de las publicaciones, etc.).

Debe evitarse el caldo de cultivo de abusos y arbitrariedades, dice acertadamente Canosa (1992, p. 489 y ss.).

Sin embargo, algunos criterios restrictivos han sido receptados en la jurisprudencia nacional de nuestro país en torno a los concursos universitarios. Ha expresado reiteradamente la Corte Suprema de Justicia argentina que

La valoración por el jurado de los méritos de los concursantes no puede ser revisada en sede judicial, y que las decisiones de la universidad en el orden interno, disciplinario, administrativo y docente, son propias de ese ámbito y ajenas, como principio, al recurso del art. 14 de la ley 48... Ello, salvo hipótesis de palmaria arbitrariedad[57].

En otros precedentes jurisprudenciales el control ha sido más amplio, anulándose el concurso con sustento en las siguientes consideraciones

A diferencia del defecto relativo a la oportunidad, mérito o conveniencia, que los juzga exclusivamente la Administración Pública, el vicio de ilegitimidad lo juzga también, a pedido de parte, el Poder Judicial. El examen de los antecedentes de la causa revela que, en el caso, la intervención judicial no invade el ámbito de las facultades exclusivas del poder administrador, pues no se trata de la apreciación subjetiva de las calidades de los concurrentes reservadas al criterio de los integrantes de la Comisión de Evaluación de Antecedentes, sino de determinar si ese jurado produjo su dictamen siguiendo un procedimiento regular, si los hechos en que se funda están debidamente probados, y si al apreciarlos el órgano administrativo no incurrió en arbitrariedad manifiesta o exceso de poder... los antecedentes examinados demuestran a mi juicio que la comisión se apartó de las normas y del criterio que reglamentan su actividad, dando preponderancia a los factores subjetivos, con el agravante de que éstos no fueron evaluados adecuadamente y de acuerdo con pautas uniformes, lo que distorsionó la mecánica del concurso. Es así que en tanto algunos miembros del jurado se valieron del conocimiento directo que tenían de los candidatos, otros formaron criterio analizando distintos elementos de juicio, o a través

---

57. CSJN, *Fallos*, 240:440; 177:169; 304:391; 284:417.

de lo informado por sus colegas de comisión. Por otra parte, al calificar tres de ellos a la actora con el guarismo cero (no obstante que lo correcto hubiera sido utilizar la escala de 1 a 15), se acentuó la preeminencia de los factores subjetivos, toda vez que el promedio 1,33 que resultó de la calificación del rubro B, vino a neutralizar por su insignificancia, el excelente puntaje objetivo de la actora 78 puntos[58].

Si bien la actividad académica, concursos de personal y sus calificaciones, como principio general, escapan al control judicial para la jurisprudencia mayoritaria por la naturaleza técnico discrecional de su obrar, ello no implica que el Estado de Derecho consienta actuaciones arbitrarias. Son los jueces quienes deben garantizar entonces la fiel vigencia del orden jurídico aplicable a través de las diversas técnicas de control, como las que estamos analizando.

Dice Tomás Ramón Fernández (2015, pp. 218-227) que la jurisprudencia del Tribunal Supremo Español ha profundizado el control judicial de las calificaciones de los exámenes, de las pruebas de aptitud e idoneidad profesional, exigiendo una adecuada motivación. En este sentido, la Sent. del 28 de enero de 2014, es suficientemente clara cuando requiere que se señalen las fuentes de información del informe técnico, los criterios de valoración cualitativa y las razones que conducen a la calificación y puntaje obtenido por la aspirante. De allí que afirme que «faltando una motivación que incluya tales elementos, no es posible discernir si el juicio técnico plasmado en la puntuación o calificación adecuada se movió dentro de los márgenes de apreciación que resultan tolerables en todas las ramas del saber especializado o, por el contrario, respondió a criterios que pudieran resultar no asumibles por ilógicos o carentes de total justificación técnica, como tampoco puede constatarse si ese mismo juicio fue o no igualitario».

No obstante, este avance jurisprudencial reconoce que excepcionalmente existen márgenes tolerables de opinabilidad que se rellenan con porciones de discrecionalidad que algunos llaman discrecionalidad técnica.

En mi criterio aun cuando ese margen de tolerancia muchos no lo denominen discrecional, si corresponde hablar de una porción de «discrecionalidad» vinculada estrechamente con lo «técnico».

---

58. Cám. Nac. Civ., sala E, «Devicenzi de Gallardo, Amelia v. Municipalidad de la Capital», LLBA, 1977-C-81.

De todas formas, concuerdo con Tomás Ramón Fernández (2015, p. 220) cuando afirma que la actividad de la Administración debe someterse al filtro de la sana crítica y

rechazar, incluso, cuando no superen ese filtro, esto es, cuando omitan algún hecho relevante, contradigan los hechos y resulten probados o alteren éstos, incurran en apreciaciones jurídicas erróneas o, en fin, resulten ilógicas, arbitrarias o irrazonables o conduzcan a resultados inverosímiles, como acostumbra a destacar la jurisprudencia sobre la prueba pericial en todos los órdenes jurisdiccionales.

Pero debe dejarse en claro que las razonables divergencias de interpretación que surgen del ámbito académico no son controlables judicialmente, pues ello implicaría en esencia sustituir un juicio opinable de la autoridad administrativa por otro igualmente opinable de los jueces. El orden jurídico a quien designa primigeniamente para que resuelva cuestiones académicas es a expertos o tribunales dotados de gran idoneidad técnica, cuya decisión en principio debe respetarse.

b) Fijación del puntaje para el ascenso

En el ámbito concursal para la promoción por mérito comparativo, la atribución del puntaje de aptitud para ocupar funciones superiores, si bien implica operaciones de carácter técnico y discrecional, es controlable en sede de legitimidad cuando de la documentación de los concursos emerjan elementales actitudes que demuestran la existencia de exceso de poder bajo el perfil, entre otros, de la falsedad de los presupuestos e ilogicidad de lo obrado por la Administración[59].

En el marco concursal de promoción por mérito comparativo el otorgamiento para el rubro trabajos por cargo ejercidos, de puntajes iguales con respecto a la participación en corporaciones diversas en cuanto a la importancia de las funciones, emana de una típica valoración técnica-discrecional del consejo de administración, y, como tal, no es controlable en sede de legitimidad salvo bajo el perfil de la ilogicidad e irracionalidad; perfiles que no pueden decirse violados por tal circunstancia, la cual es sólo uno de los varios elementos a tener en cuenta para la fijación del puntaje para dicho rubro, unida a la magnitud del trabajo derivado del cargo, la especialidad requerida y el grado de responsabilidad[60].

---

59. Corte de Casación italiana, Sez. 5, decreto 30 del 28/1/1977, «Est. Pranzetti v. Comune di Santa Fiora».
60. Corte de Casación italiana, Sez. 4, decreto 848 del 27/9/1977, «Est. Giovannini v. Ministero Grazia e Giust».

c) Valoración de la personalidad y el trabajo de los dependientes

Las evaluaciones realizadas por el consejo de administración en el marco del examen de mérito referido a la personalidad y al trabajo de los dependientes, tienen carácter técnico discrecional, y, como tales, escapan al juicio de legitimidad»[61].

d) Valoración de publicaciones

En sede de examen de promoción por mérito comparativo, no es ilegítimo que la Administración se reserve el poder discrecional de valorar que las publicaciones realizadas por los proponentes merezcan una apreciable contribución a la doctrina o bien a la práctica profesional, poder que por la amplia discrecionalidad técnica de la cual siempre se ha caracterizado, insusceptible de ser vinculado a criterios mecánicos y predeterminados de valoraciones[62].

e) Evaluación para el ascenso por elección discrecional

En las evaluaciones para el ascenso por elección de los oficiales, la Comisión Superior tiene un amplio espacio de apreciación técnica y de mérito. No tiene la obligación de sujetarse mecánicamente a los documentos obrantes de calificación personal y los puntajes obtenidos[63].

En materia de empleo público los actos administrativos son revisables si presentan ilegitimidad o arbitrariedad, pero no puede sustituirse el criterio de la Administración por el de los jueces respecto de progresiones escalafonarias sujetas a apreciación discrecional[64].

Tampoco puede sustituir a la Administración en el ámbito de la institución policial, cuyos componentes se han sujetado a un régimen de ascensos y retiros que confiere a órganos específicos la capacidad de apreciar en cada caso la concreta aptitud, con suficiente autonomía[65].

Con relación a la evaluación que realizan las juntas de calificaciones en los organismos de seguridad, el control es restringido. En efecto,

61. Corte de Casación italiana, Sez. 4, sent. 867 del 30/10/1979, PD 792160, «Est. Giovannini v. Ministero del Tesoro».
62. Corte de Casación italiana, Sez. 6, sent. 269 del 10/4/1979, PD 790771, «Est. Berruti v. onig».
63. Corte de Casación italiana, Sez. 4, sent. 328 del 15/5/1979, PD 790958, «Est. Carbone v. Ministero Difesa».
64. Cám. Nac. Cont. Adm. Fed., sala III, marzo 1988, LL, 1988-D-444, seleccionada por Feldman (1995, p. 10).
65. CSJN, *Fallos*, 250:393; LL, 118-759.

La apreciación de las juntas de calificaciones de los organismos de seguridad, respecto de la aptitud del personal de la institución para ascender, conservar el grado o pasar a situación de retiro, comporta el ejercicio de una actividad discrecional, y no corresponde a los jueces sustituir el criterio de dichos organismos. Siempre que no medie en tal decisión arbitrariedad o irrazonabilidad manifiestas, en cuyo caso corresponde el control judicial de los actos respectivos, y la consecuente declaración de nulidad[66].

En análogo sentido se ha expresado que

El resultar el actor perjudicado durante varios años por la decisión de no producir vacantes que le abriesen el ascenso, y más tarde por haberse dispuesto provocarlas, lo que motivó su pase a retiro obligatorio, así como las aparentes desigualdades que surgirían de comparar en abstracto el caso de aquel con el de otros oficiales en otros períodos o en distintos cargos, no son cuestiones que abran la revisión judicial de lo resuelto por la autoridad policial[67].

Interesantes resultan las afirmaciones de la Cámara Federal Contencioso-administrativa[68] en el sentido de que los dictámenes de las Juntas de Calificaciones del personal que, con el estado respectivo, integra las fuerzas armadas o de seguridad, remiten, por lo general, a valoraciones o apreciaciones de conjunto que globalmente ponderan los diversos factores que inciden en el desempeño del personal y que son las que, en definitiva, determinan el progreso o la finalización de la carrera respectiva. También por regla general, estas apreciaciones conjuntas reúnen múltiples conceptos jurídicos indeterminados que a la Administración corresponde conjugar, sin que pueda tal valoración ser sustituida por los tribunales, aunque ello no excluya la vinculación al procedimiento, a la finalidad del acto y a los principios generales del derecho. Cuando la jurisprudencia, precisamente, se refiere al margen de discrecionalidad y a la ponderación de factores que son de la exclusiva competencia de la Administración en su examen y de su criterio privativo, alude a este criterio de conjugación de conceptos jurídicos indeterminados. Y cuando la comprensión de la situación total es definitiva, no escindible, ni descriptible, la apreciación no es participable y, por consecuencia, no es revisable.

---

66. Cám. Nac. Cont. Adm. Fed., sala IV, 10/9/1996, «Ávalos v. Estado nacional», ED, 16/4/1998; en el mismo sentido Cám. Nac. Cont. Adm. Fed., sala V, «Delgadillo v. Ministerio de Defensa», ED, 29/5/1998.
67. Cám. Nac. Cont. Adm. Fed., sala III, 1/3/1988, voto del juez González Arzac, LL, 1988-D-445 y ss.
68. Cám. Nac. Cont. Adm. Fed., sala I, 9/5/1995, «Díaz v. Ministerio del Interior», voto del juez Carlos Grecco.

Más adelante se agrega que

Las apreciaciones de conjunto competen primariamente al órgano interviniente y, desde luego a la autoridad que las debe aprobar, siendo, en función de las reflexiones precedentes, insusceptibles, como principio, de revisión judicial. Es evidente, en tal sentido, que el juez no puede sustituir con su personal criterio cualquier decisión de cualquier poder o, como aquí acontece, de cualquier autoridad administrativa. El juez dice el derecho, y el derecho está constantemente definiendo ámbitos de discrecionalidad, encontrando por ello la judicialización plenaria un límite en la interdicción a los tribunales para invadir los ámbitos de competencia de los demás poderes constitucionales.

Con relación a la innecesaridad del consentimiento para realizar análisis psicofísicos en el ámbito de las fuerzas armadas y de seguridad, a los fines de evaluar, entre otros aspectos, los ascensos, se ha pronunciado la Corte Suprema[69], en el sentido de que

Los análisis clínicos que la Policía Federal efectúe para constatar la buena salud del personal a fin de decidir su ascenso, involucran el ejercicio de una actividad discrecional que, en principio, no admite revisión judicial.

La incorporación a la carrera policial supone el sometimiento voluntario a las normas que rigen a la institución, es decir, que quien ingresa o desea ser promovido acepta, espontáneamente, que la demandada acceda a su privacidad en la medida necesaria para evaluar sus aptitudes. La relación de especial sujeción que mantienen los agentes con la Policía Federal implica algunas restricciones al derecho a la intimidad de aquéllos en beneficio de los fines propios de la institución. Por lo tanto, a raíz de ese tipo de vínculo, los agentes no gozan de un ámbito de privacidad equiparable en su extensión al que tiene cualquier particular.

f) Evaluación de exámenes de bachillerato

Si es verdad que las evaluaciones de naturaleza exquisitamente técnico-profesional formuladas por la comisión enjuiciadora de los exámenes de bachillerato conciernen al mérito de la acción administrativa y escapan, en cuanto tales, al control de legitimidad, no obstante, el juez administrativo bien puede advertir eventuales manifiestas ilogicidades y contradicción entre juicios parciales relativos a las particulares pruebas de examen y juicio final, y revisar, en consecuencia, el exceso de poder de la Administración[70].

---

69. CSJN, 17/12/1996, con interesante comentario de Andruet «Dignidad humana. Intimidad personal», ED, 13/5/1997.
70. Corte de Casación italiana, Sez. 4, decreto 731 del 9/6/1978, Pd 781900, «Est. Santoni Rugiu G. v. Bernaba».

g) Predisposición de criterio de máxima

Se ha manifestado que el jurado examinador del concurso goza de amplias facultades discrecionales en la predisposición de criterios de máxima, la concreta valoración de los títulos la atribución de los respectivos puntajes en las pruebas escritas, salvo ilogicidad, contrariedad, disparidad de tratamiento, irrazonabilidad, particularmente grave y manifiesto[71].

h) Discrecionalidad técnica en la elección de las pruebas de examen

Las comisiones examinadoras de los concursos de empleo público tienen amplia discrecionalidad técnica en la elección de las pruebas de examen, encontrando sólo los límites en la manifiesta irracionalidad de los temas asignados a los candidatos o la total extraneidad de los temas en relación a la evaluación de la capacidad y cultura de los aspirantes[72].

Se ha sostenido también que la comisión examinadora de un concurso, dentro del temario correspondiente, puede graduar la severidad de las pruebas de examen en función del número de los candidatos, los cargos disponibles, las funciones que los elegidos deberán realizar en el futuro, etc. Tales extremos escapan al control de legitimidad[73].

i) Elección del momento en el cual cubrir la vacante

La Administración Pública tiene amplia discrecionalidad respecto de la elección del momento en el cual cubrir la vacante y los cargos necesarios, mediante concurso. De ello deriva que la convocatoria puede ser revocada por razones de mérito, comprensiva de una nueva revalorización de interés en la cobertura de los cargos o su congelamiento, a fin de garantizar el buen funcionamiento de los organismos públicos[74].

Sabido es que en general el nombramiento implica esencialmente una facultad discrecional, que el órgano competente tiene amplia atribución para apreciar el momento de cubrir el cargo, la identidad del personal designado, las modalidades de trabajo, horario, etc. Todo ello, en tanto la norma no haya impuesto regulaciones al respecto.

---

71. Ver *Foro Amministrativo Italiano*, junio 1989, pp. 1817 y 2055; noviembre 1989, p. 3050.
72. Consejo de Estado italiano, Sez. V., 28/4/1988, «Est. de Lipsis-Capozzella v. Comune di Castrocielo», *Foro Amministrativo*, 1988, p. 920.
73. Consejo de Estado italiano, Sez. IV, 23/11/1988, «Est. Ferrari v. Maffi, Ministero Sanit...», *Foro Amministrativo*, noviembre 1988, p. 3203.
74. Consejo de Estado italiano, Sez. IV, 8/11/1988, «Est. Malinconino v. Rinaldi y otro», *Foro Amministrativo*, 1988, p. 3158.

j)   Potestad discrecional para poner fin a la contratación

La mayor o menor conveniencia de recurrir a la contratación, como la de poner fin al contrato, constituye una decisión de política administrativa no revisable en sede judicial, por estar limitado el control jurisdiccional de los actos administrativos a los aspectos vinculados a su legitimidad[75].

En el mismo sentido, respecto del personal contratado o transitorio, la Corte Suprema[76] ha señalado que

No hay en el Régimen Jurídico Básico de la función pública norma alguna que autorice a sostener la continuidad de la relación de empleo público sobre la base de la subsistencia de las tareas para las que se incorporaron agentes transitorios y, por el contrario, el carácter contractual de dicho vínculo reconocido por el legislador, permite concluir que cuando éste está sujeto a un plazo cierto y determinado, se extingue automáticamente por el mero vencimiento del término convenido, sin necesidad de acto administrativo alguno... La mayor o menor conveniencia de recurrir a la creación de tales cargos constituye una decisión de política administrativa no revisable en sede judicial, por estar limitado el control jurisdiccional de los actos administrativos a los aspectos vinculados con su legitimidad.

Conforme las nuevas tendencias en el supuesto de la renovación de contratos por varios años, en caso de que se les ponga fin, corresponde la indemnización sustitutiva, atento la expectativa de que podía prorrogarse.

3.   *Estrategia práctica a seguir*

La jurisprudencia señalada pone en evidencia el respeto por la zona de reserva de la Administración, aunque no precise claramente el límite de lo técnico y lo discrecional. No obstante, se condena el abuso de discrecionalidad cuando se advierte arbitrariedad, manifiesta ilogicidad, contradicción, exceso de poder, disparidad de tratamiento, irrazonabilidad y falsedad de los presupuestos, entre otros.

En mi criterio, basta distinguir con precisión cuándo el accionar administrativo es plenamente inobjetable según pautas regladas (actividad vinculada), y cuándo hay discrecionalidad, aunque ella sea mínima.

---

75.   CSJN, 28/2/1988, LL, 1989-B-1400; DJ, 1989-2-842, seleccionada por Feldman (1995, p. 10).
76.   CSJN, 30/6/1987, «Jasso Ramón, Amparo», *Fallos*, 310:1391.

Para esto, siguiendo el razonamiento referido anteriormente, es necesario analizar dos aspectos:

a) ¿a quién autoriza el orden jurídico a realizar la integración del concepto? Normalmente la norma asigna a los tribunales académicos o a los profesores con idoneidad específica el cometido de apreciar el nudo de la cuestión. Consecuentemente, si hay alguien a quien debe reconocerse un pequeño margen «discrecional», es precisamente a este personal de alta capacitación en la materia.

b) El segundo aspecto que se debe analizar es si la naturaleza de las cosas o de la actividad de que se trate, puede aportar claridad a la cuestión, después de haberse efectuado una observación profunda. Así, por ejemplo, la clase de oposición dada por el postulante a profesor universitario es imposible de ser reproducida en los estrados del tribunal judicial; analizar si a un alumno le corresponde un 9 o un 10 en un examen es tan difícil como su control posterior; lo mismo sucede con la calificación de un trabajo de investigación, etc. En estos casos, la función administrativa despliega una actividad cognoscitiva hasta cierto punto; lo demás es rellenado mediante una valoración subjetiva por el órgano idóneo competente. Es cierto que como principio general la norma propicia la realización de un juicio objetivo, pero también es indudable que quien redactó la norma no puede ignorar la complejidad de la naturaleza de las cosas o de las situaciones que necesariamente debe interpretar quien se ocupe de la concreción efectiva del concepto.

En síntesis, si el propio orden jurídico da claras directivas respecto de quién debe integrar la indeterminación específica y presupone implícitamente la dificultad de su operatividad, es lógico suponer que el margen discrecional lo tiene el operador referido, es decir, la Administración especializada, y no el juez. Lo referido condice plenamente con el concepto alargado de discrecionalidad formulado, en el cual se dejó sentada la posibilidad de que la discrecionalidad también fuera ejercida por técnicos o expertos.

Estoy en desacuerdo entonces con la postura de Desdentado Daroca (1997, p.145) cuando afirma que «las comisiones evaluadoras son órganos creados para la aplicación del derecho y no para la adopción de decisiones discrecionales», puesto que así como su obligación es aplicar el derecho, excepcionalmente pueden ejercer porcentajes o pequeños márgenes de discrecionalidad, en la peculiar hipótesis referenciada *supra*.

Ante la complejidad, dificultad e incluso imposibilidad de conocer la esencia de las cosas, fenómenos o circunstancias, la justicia debe conformarse con una decisión administrativa atendible. Aquí termina su cometido, como se indicó anteriormente. En estos casos límite, no existe posibilidad interpretativa ni procesal de reconducir las valoraciones subjetivas a patrones objetivos.

La jurisprudencia del Tribunal Constitucional alemán reconoce a la Administración un margen de apreciación con relación a la calificación de exámenes, extensivo sólo a los aspectos específicamente valorativos de la evaluación (dudas técnicas opinables). Los demás recaudos reglados del procedimiento de selección son controlables por los tribunales. La justificación de este margen de apreciación consiste en: la irrepetibilidad de la prueba, con mayor razón si es oral, la participación directa del tribunal de concurso en la misma, la imparcialidad y especialidad de sus miembros. Asimismo, en la igualdad de oportunidades que podría verse afectada si los jueces pudieran analizar aisladamente, fuera del contexto de la evaluación global, los aspectos específicamente valorativos-opinables de la evaluación. En este marco, el juez carece del conocimiento del conjunto de las pruebas examinadas, relevante para tener presente el nivel de rendimiento medio de los concursantes (Bacigalupo,1997, pp. 130, 131).

También ha señalado el Tribunal Constitucional alemán que el derecho a la tutela judicial efectiva, garantizado por el art. 19.4 de la Ley Fundamental de Bonn, si bien garantiza como principio la plena justiciabilidad de la actividad administrativa, no impide reconocer al legislador la facultad de habilitar excepcionalmente a la Administración la adopción de decisiones últimas excluidas del control judicial plenario, cuando así lo justifiquen consideraciones de naturaleza preferentemente jurídico-funcional y no se oponga a ello el contenido esencial del citado derecho fundamental: la garantía de una tutela judicial «óptima», aunque no necesariamente «máxima»[77].

Las discrepancias técnico-científicas de las pruebas examinadas no pueden ser revaloradas o sustituidas por los jueces en lo que respecta a la porción valorativa opinable en la medida en que fuere técnicamente sustentable (aun cuando al juzgador subjetivamente le guste otra igualmente aceptable), porque estamos dentro del núcleo interno de lo discrecional perteneciente a la zona de reserva de la Administración.

Tampoco los órganos de control de la Administración o los jerárquicos superiores pueden sustituir este margen de discrecionalidad relacionado con lo técnico adoptado por los tribunales o comisiones de

---

77.   Sentencia publicada en *BVerfGE*, vol. 61, pp. 111 a 114; concuerda con análisis efectuados por Nieto García (1964, p. 156 y ss.).

concurso. Empero, si es posible el control de los aspectos vinculados con el procedimiento, motivación y los demás vicios de juridicidad, en los supuestos de grueso error de apreciación, omisión de valorar aspectos trascendentes, evidente desproporcionalidad o irrazonabilidad, probados. Con buen criterio expresa la jurisprudencia argentina en la famosa causa «Ravinovich» que

> la calificación cero —mientras el perito sostiene que debió ser de cuatro puntos sobre ocho— con la que evaluó en el caso la pregunta: quiénes y en qué fecha derrocaron a Rosas, en la prueba de capacidad para ingresar al Colegio Nacional de Buenos Aires, no constituye como se expresa en una de las quejas de la demandada 'una presunta' sino una inequívoca arbitrariedad, que salta a la vista sin el menor esfuerzo con la sola confrontación de aquellas dos. Tal arbitrariedad no puede cohonestarse con los argumentos de que los actos propios de la práctica docente no pueden ser revisados judicialmente y menos aún la evaluación de un examen y que la decisión fue tomada dentro del amplio margen de discrecionalidad que posee la actividad académica.

Se desprende, pues, que en lo puramente discrecional habría que trazar una frontera que separa los «aledaños» (susceptibles de control) del «núcleo material de la decisión técnica» (intangible judicialmente), dice Igartúa Salaverría (1998, p. 60). En mi opinión ello es cierto en la medida en que el referido «núcleo material de la decisión técnica» no trasunte en su operatividad reglas técnico-científicas de universal consenso, sino que se refieran a los aspectos valorativos opinables, en los que es tan razonable o al menos tolerable una solución que otra.

No obstante, como se dijo en puntos anteriores, si la discrecionalidad forma parte del orden jurídico, el control judicial debe revisar si efectivamente tal actividad ha sido correctamente ejercida «dentro» de ese universo jurídico. Esto no implica revisar su esencia (selección de una alternativa entre otras igualmente válidas) sino sólo su contorno externo e inserción en el sistema ordinamental.

De allí que es de fundamental importancia la motivación de la decisión, los argumentos valorativos que se esgriman, la coherencia y razonabilidad de sus ponderaciones, los hechos y juicios técnicos, el cumplimiento de los requisitos procedimentales formales y sustanciales. El control de los jueces termina al comprobar con el fondo de la cuestión que se ha elegido una solución correcta entre otras de igual condición dentro del mundo jurídico. Por ello en lugar de hablar de técnicas de control de la discrecionalidad se debería hablar de técnicas de control de su «ejercicio».

Esta interpretación pretende llegar a una vinculación absoluta de la discrecionalidad con el fondo de la cuestión, a partir de la cual quede claro que jamás puede haber inadmisibilidad de la discrecionalidad como *prius* ni como *posterius*. Tampoco improcedencia al final del proceso, sino en todo caso desestimación de la pretensión, al resolverse que la discrecionalidad ejercida, aun la relacionada con valoraciones técnicas, es producto del orden jurídico. Tal estrategia cumplimenta el derecho a la tutela judicial efectiva ya que el juez analiza la pretensión entrando al fondo de la cuestión mediante la aplicación de principios y reglas jurídicas, que es el control que prescribe la Constitución.

Avanzar más allá, pretendiendo sustituir el opinable momento o núcleo interno de lo discrecional, implicaría traspasar los límites de la juridicidad y entrar en la llamada zona constitucional de reserva de la Administración ultrajando la división de poderes. La ausencia de pautas objetivas impide a la justicia sustituir una valoración técnica opinable.

No es posible sustituir la apreciación cumplida por la Administración, cambiando una alternativa que parece correcta por otra igualmente razonable. Una demostración inequívoca de esto son las normas reguladoras del concurso, que en su gran mayoría expresan que son sólo recurribles los vicios formales, que basta una resolución fundada, etc. Se busca proteger y mantener, como principio, el dictamen del tribunal académico designado.

Me permito subrayar que, ante supuestos de difícil comprensión, aun por expertos en el tema, el juzgador ha de conformarse con una solución aceptable, razonable, relativamente válida en una circunstancia determinada y suficientemente motivada. Sólo se podrá controlar el procedimiento de conformación dentro de la juridicidad, pero no el porqué de la adopción de un juicio «tolerable» en lugar de otro también «tolerable», es decir, la valoración subjetiva o la esencia de tal apreciación, salvo arbitrariedad o irrazonabilidad.

La interpretación efectuada anteriormente es aplicable a los pronósticos o predicciones que se realizan sobre un acontecer determinado. Así, por ejemplo, las medidas preventivas en atención a una probable epidemia, escasez de agua, perturbación del orden público, etc. La naturaleza del fenómeno trasunta la posibilidad de hacerlo objetivable hasta cierto punto, por lo que queda un remanente de necesaria valoración discrecional.

Normalmente las ciencias físicas, biológicas, de ingeniería, farmacológicas, geológicas, etc., suministran pautas ciertas y uniformes, esto es, reglas técnicas universales que facilitan la subsunción. En cambio, en las disciplinas no exactas, como las relacionadas con el arte, lo social, la salud, el ambiente, la planificación, etc., las pautas son excepcionalmente uniformes (consenso universal) y, en líneas generales, son probables (consenso prevaleciente), dubitativas o esencialmente opinables, dentro de cuya valoración habitan márgenes de discrecionalidad.

No olvidemos que la subjetividad del momento valorativo, la irrepetibilidad del juicio, la libertad de opción, la originalidad que se incorpora al orden jurídico, caracterizan la discrecionalidad.

Ésta participa en las cuestiones técnicas complejas por medio de juicios de valor o simple volición. La primera está más cerca del marco reglado o vinculado.

La teoría de los conceptos jurídicos indeterminados interpreta que la idoneidad para el cargo implica un juicio objetivable, aunque reconoce una «habilitación personal al órgano administrativo», «valoración insustituible», «amplio margen de apreciación auténticamente incontrolable». Considera que no hay discrecionalidad porque no existe facultad de opción, pero que de todas formas ese «margen de apreciación» es incontrolable (Ule, 1964, p. 32). Tal conclusión me parece contradictoria en razón de que si no hay discrecionalidad no tiene sentido excluir el control, al presuponer la naturaleza cognoscitiva de la problemática en cuestión.

Si en verdad existe un «margen de apreciación» significa que hay un espacio de libertad —elección volitiva o valorativa— aunque sea reducido, por lo que la presencia de la discrecionalidad parece indiscutible. Ésta surge después de decantar exhaustivamente todo lo que puede ser comprobado empíricamente y objetivado conforme a pautas regladas.

En vez de afirmarse que el procedimiento administrativo es de orden cognoscitivo salvo casos excepcionales, se debería decir que es «gradualmente objetivo y subjetivo».

Sostiene Mozo Seoane (1985, p. 385 y ss.)[78] que todo problema de interpretación legal es función jurídica, por lo cual la interpretación de los conceptos jurídicos indeterminados, incluidos los conceptos de valor, en tanto actos de conocimiento, corresponde a los órganos judiciales, y que en caso de dificultad es preferible el arbitrio del juez.

Pienso, al contrario, que los casos límite no pueden ser remitidos al «tacto judicial» en forma lisa y llana porque en algunos casos esto podría implicar el gobierno de los jueces, no de quienes constitucional y democráticamente deben hacerlo, en función de todo lo desarrollado precedentemente.

No es la indeterminación de la norma la que admite la presencia de un momento discrecional, sino la indeterminabilidad del fenómeno o situación real a subsumir.

---

78. Ver también: Gambier (1988-D-744).

Distinto es el supuesto cuando el juez penal o el de faltas deben —por ejemplo— definir con exactitud si un hecho es «inmoral» u «obsceno» (a veces puede ser inmoral pero no obsceno). En efecto, el orden jurídico quiere que tal imprecisión la dirima el propio juez, mediante sus herramientas interpretativas que no buscan la conveniencia sino lo más justo.

En síntesis, en todos los casos se quiere una solución correcta, sólo que para llegar a ella se puede utilizar facultades regladas, pautas objetivas, e incluso modalidades discrecionales.

Que se pretenda una solución correcta no presupone necesariamente que sólo exista una. La palmaria realidad se encarga de demostrarlo: puede haber una o varias, según el supuesto concreto.

Cuidado entonces con confundir el silogismo judicial con el administrativo. Al juez institucionalmente se le exige arribar y considerar como tal sólo a una solución justa. El administrador, en cambio, debe llegar a una solución conveniente y ajustada a derecho: si sólo existe una, deberá escogerla; si existen varias, tendrá que elegir una.

4. *Oferta más conveniente. Mecanismos de selección del contratista*

Desde una perspectiva doctrinal se discute si la expresión «oferta más conveniente» u «oferta más ventajosa» comporta un concepto jurídico indeterminado donde sólo es posible arribar a una solución justa, o bien autoriza el ejercicio de una facultad discrecional.

El Tribunal Superior de Justicia de Baleares[79], ratificando jurisprudencia del Tribunal Supremo, sostiene que la locución «más ventajosa» es un concepto jurídico indeterminado que admite una única solución justa, lo que excluye la figura de la discrecionalidad. No sólo anula la decisión administrativa, sino que reconoce el derecho de la actora a que se le adjudique el concurso.

Sánchez Morón (1994, p. 160) advierte que esta sustitución de la actuación administrativa eligiendo la oferta más conveniente, implica una eventual extralimitación en el ejercicio de la función de juzgar y propone como posible remedio la casación, esgrimiendo el exceso y el abuso de jurisdicción.

En nuestro país, un sector de la doctrina también considera que se trata de un concepto jurídico indeterminado donde sólo es posible una solución justa (Cassagne, 1999, p. 58; Dromi, 1995, p. 428; Barra, 1986, p. 437; Gambier, 1998 p. 744).

---

79. Trib. Sup. Baleares, sala Cont. Adm., 27/11/1991.

Otro sector de la doctrina estima que la expresión oferta más conveniente autoriza, en cambio, el ejercicio de una facultad discrecional dentro de los límites de la juridicidad (Comadira, 2000b, pp. 127 a 131; Díez, 1979, p. 121; Escola, 1977, p. 353).

En definitiva, no coincido con quienes afirman que lo aludido por el término oferta más conveniente o más ventajosa es un concepto jurídico indeterminado que sólo admite una solución justa. Lo mismo puede decirse de la urgencia en una contratación.

Es necesario analizar cada supuesto real de aplicación del referido concepto para entonces determinar con certeza si su realización admite una o varias soluciones igualmente correctas para el derecho.

Como es sabido, determinar cuál es la oferta más conveniente se vincula con cuestiones técnicas, científicas o de experiencia. La remisión normativa a valoraciones técnicas no supone automáticamente la atribución al órgano administrativo de una potestad inmune al control judicial. En efecto, las reglas técnicas (conocimiento especializado) de universal consenso, o al menos tolerables (cuando trasuntan una verdad relativa), las reglas de la experiencia (conocimientos prácticos comunes) como los estándares de conductas, integran el orden jurídico administrativo por remisión expresa o implícita de éste.

En consecuencia, si para determinar cuál es la oferta más ventajosa sólo sea posible la aplicación de una regla técnica, científica o de experiencia de universal consenso y sólo exista una de ellas que reúna tales requisitos, no existe potestad discrecional, y todo se remite al bloque de lo reglado o vinculado.

Cuando en cambio excepcionalmente existan varias ofertas que de igual modo se subordinan a la regla técnica de universal consenso, o bien existan varias técnicas aceptables, y en todos los casos sean económicamente equivalentes, la selección de una de ellas incumbe a la Administración a través de la discrecionalidad.

Aun cuando el reenvío no surja tácitamente del ordenamiento, las pautas o reglas referidas pueden tener igualmente relevancia jurídica por el conocimiento acabado de los hechos y la apreciación de la prueba con arreglo a la sana crítica racional.

En consecuencia, el control de juridicidad es perfectible, pues el juez al entrar al fondo de la cuestión verifica si en el *sub examine* se ha respetado el contenido de la regla determinada por la ciencia, la técnica, la experiencia, o el comportamiento social, al momento en que se concretice el acto administrativo respectivo. Excepcionalmente puede haber pequeños porcentajes de discrecionalidad.

El acertado fallo del Tribunal Superior de Neuquén[80] considera

que el control de los actos administrativos que deciden la adjudicación
de una licitación pública sobre la base de pliegos de bases y condiciones
predeterminados como en el caso es una actividad netamente reglada y, no
cabe duda, sujeta al control judicial. Y el decir reglada, guarda íntima conexión
con la naturaleza jurídica de los pliegos... La evaluación de las ofertas no fue
efectuada teniendo en cuenta la situación de hecho reglada en la norma antes
citada; circunstancia ésta que vicia los decretos... dando lugar a su nulidad...
La norma establece claramente que el máximo puntaje debía asignarse a quien
ofreciera ocupar mayor cantidad de personas radicadas en el ejido municipal
de esta ciudad... Más, las constancias de la causa indican que ello no ocurrió...
En efecto, el poder concedente

se ha apartado de las reglas establecidas... efectuando la adjudicación en
infracción al sistema de calificación y puntaje, motivo que hace que su accionar
sea ilegítimo y no discrecional, como pretendió establecerlo el municipio
demandado.

Conforme las características de la causa, el pliego de condiciones establecía nítidamente los requisitos jurídicos y técnicos respecto de cuál
debe ser la mejor oferta, razón por la cual, el tribunal correctamente considera, entrando al fondo de la cuestión y analizando detenidamente las
probanzas de autos, que debiendo controlar facultades regladas la revisión
judicial es insoslayable.

Aun cuando el orden jurídico se remite a cuestiones técnicas complejas, de difícil comprensión o de imposible reproducción probatoria
(por su característica intrínseca), de certeza técnica o científica relativa,
la decisión administrativa debe ser controlada por el juez. Al menos debe
verificar con el fondo de la cuestión si la decisión administrativa adopta
una solución técnicamente aceptable, «tolerable», cuya razonabilidad sea
aprehensible en virtud de su motivación. No se trata de un mero control de legalidad formal externa, el juez debe examinar detenidamente la
verificación material de los hechos, y aun la apreciación de los mismos
mediante la aplicación de pautas técnicas razonables, además de la calificación jurídica respectiva.

En definitiva, el concepto jurídico indeterminado que impide el uso
de la discrecionalidad, es sólo aquel que puede ser concretado siguiendo

---

80. Trib. Sup. Neuquén, 15/2/2000, «Consur S.R.L. Cooperativa de Trabajo Esfuerzo
Unido Valentina Sur Limitado U.T.E. v. Municipalidad de Neuquén», primer voto del
juez Arturo González Taboada.

un juicio intelectivo puro, donde sólo es posible llegar sólo a una solución justa.

Esto también sucede, por ejemplo, cuando en virtud de la norma o según los pliegos respectivos la oferta más ventajosa es la de menor precio. La realización del concepto oferta más ventajosa se efectiviza, entonces, en este caso, siguiendo un procedimiento perfectamente objetivable.

Sin embargo, excepcionalmente, el concepto referido no siempre permite llegar a una solución justa; hay casos que admiten porcentajes de discrecionalidad: en el supuesto que se presenten dos ofertas de igual precio. Elegir una u otra, en el caso de que la norma nada establezca al respecto (por ejemplo, una mejora de ofertas entre ellas), bien puede consentir el uso de una modalidad discrecional.

Aceptar, entonces, que el procedimiento de concreción de un concepto jurídico impreciso (oferta más conveniente) sea sólo intelectivo, negando la posibilidad de que éste, según el caso, pueda ser también volitivo o discrecional, importa en mi criterio un grave error, capaz de acarrear la eliminación de la discrecionalidad y, por ende, promover el control judicial total.

Asimismo, podría generar innumerables inconvenientes en la praxis administrativa y judicial, ya que bastaría la mención de ellos por la norma para deducir que, al presuponer un razonamiento objetivo, todo es controlable sin distinguir, con precisión, cuándo hay en verdad discrecionalidad y, por consiguiente, limitación del control.

Por todo ello, concluyo en que la tradicional teoría de los conceptos jurídicos indeterminados sólo sirve parcialmente para delimitar el uso de la discrecionalidad, por cuanto esto depende de la posibilidad de utilizar parámetros objetivos o no en su realización concreta.

Con relación a la potestad discrecional de la Administración de dejar sin efecto la licitación hasta antes de adjudicación, no existe discusión en la doctrina. No obstante, argumentan algunos prestigiosos autores que excepcionalmente ello puede dar lugar a una indemnización en el marco de la responsabilidad del Estado (Comadira, 2000b, p. 134). Me adhiero a quienes sostienen que no cabe reparación alguna[81] ya que los oferentes sólo tienen una situación de interés legítimo, lo que a lo sumo pueden pedir la juridicidad del procedimiento cumplido. Y si dentro del marco normativo resultaba clara la posibilidad de la Administración de disponer

---

81.   Confrontar, opiniones doctrinarias y jurisprudenciales en Gusmán (2002, p. 127); Cám. Nac. Cont. Adm. Fed., 31/12/1996, «Ecron S.A. v. Ministerio de Economía y otro», LL Suplemento Derecho Administrativo, 25/8/1997; CSJN, *Fallos*, 323:1323; 315:1738; *Dictámenes de la Procuración del Tesoro de la Nación*, 174:78; 169:199.

el cese de la licitación, nada puede reprochársele, en virtud incluso de la teoría de los actos propios y el consentimiento *a priori* de los oferentes al aceptar las bases de la licitación.

Nos recuerda, acertadamente, el Tribunal Supremo español, en cuanto a las características generales en materia de selección de contratistas, que:

> No está de más resaltar que en materia de concursos la Administración no queda obligada a concluir indefectiblemente el contrato desde el momento que la elección de otro cocontratante es, en principio, el resultado del ejercicio de una potestad discrecional, aunque dentro del cauce establecido; esto es, la Administración se reserva la facultad de emitir o no su aceptación, ya que lejos de verse obligada a aceptar la propuesta más favorable se atribuye una potestad de examen y apreciación, tan amplia como sea menester, para determinar en último término si es o no conveniente para el ente público la celebración del contrato. En definitiva, el concurso como sistema de selección supone una invitación de la Administración a que se le presenten ofertas de contrato, pudiendo aceptarlas o rechazarlas, a no venir, anticipadamente, vinculadas, ya que aunque algunos licitadores cumpliesen el pliego, la Administración sigue teniendo facultad, discrecional en cuanto a la adjudicación, admitiéndose incluso la facultad de declarar desiertos los concursos aun cuando hayan acudido licitadores aptos[82].

Sobre el valor relativo del menor precio ha sostenido claramente la jurisprudencia argentina:

> No cabe duda de que el menor precio constituye un dato inestimable en miras a valorar esa conveniencia, pero no siendo el único, la Administración, en determinadas ocasiones, puede prescindir de ese parámetro como elemento decisorio de selección. Sin embargo, es necesario que el comitente exprese, siempre y fundamentadamente, cuáles han sido las circunstancias que lo llevaron a apartarse del precio más bajo. Ello así, desde que los contratos se celebran para cumplirse y el Estado debe formalizarlos con quien o quienes demuestren el máximo de garantía de cumplimiento... En igual sentido, este cuerpo ha considerado anteriormente que en todo acto licitatorio realizado bajo las previsiones de la ley 13067, la adjudicación recaerá siempre sobre la propuesta más conveniente, siendo conforme con las condiciones de la licitación. En la determinación de la conveniencia pueden incidir diversos factores relativos a precios, plazos y circunstancias, algunas de ponderación subjetiva, cuya razonable evaluación por parte de la autoridad competente para su juzgamiento y decisión hace posible, bajo su exclusiva responsabilidad, resolver en cuanto a

---

82. Sent. del Tribunal Supremo español del 5/2/1979, Rep. 587, *Rev. Adm. Públ. Esp.*, t. 90 (sept.-dic. 1979, p. 233).

las ofertas más ventajosas para el Estado (comunicación 237, D.A., 2213). No siendo entonces del resorte de este tribunal la merituación sustantiva de los factores técnicos o extrajurídicos que puedan determinar la conveniencia de una propuesta o inclinar la voluntad adjudicatoria, sólo cabe enfatizar que el apartamiento de la ventaja económica que sin duda aporta la oferta de precio inferior, exige como fundamento objetivo la presencia balanceadora de elementos ponderables de idéntico peso. En materia de obra pública la curva o plan de inversiones de cada empresa asume una relevancia incuestionable en la valoración de la conveniencia de sus ofertas, dada la directa influencia que ejerce en la cuantificación de los mayores costos abonables en el curso de la obra. Son éstos, por su parte, los que marcan la diferencia real entre las propuestas, toda vez que las características inflacionarias de nuestra economía llevan a que, de ordinario, esos importes superen con creces a los montos nominales. De lo dicho se sigue que en el régimen que nos ocupa es el 'costo final de la obra', el valor que merecerá rescatarse como criterio de selección del cocontratante, por ser éste el que mejor se concilia con el instituto fin del proceso licitatorio[83].

Quizá el derecho italiano es el que analiza con mayor profundidad esta temática: esto justifica la atención preferente que concedo a su jurisprudencia y régimen normativo.

El Consejo de Estado[84] considera que el factor económico asume una relevancia determinante sólo en el caso de que entre varias ofertas haya igualdad, o bien una diversidad funcional no muy marcada, mientras que en los otros casos es decisivo el elemento técnico, siendo ante todo indispensable que las obras para las cuales se recurre a la licitación sean las más idóneas para el fin establecido.

El régimen jurídico italiano dispone que los contratos de obra pública cuyo importe supere un monto elevado determinado, serán adjudicados a la oferta económicamente más ventajosa, previa consideración de los siguientes elementos: término de ejecución, costo de utilización, rendimiento y valor técnico de la obra que los oferentes se obligan a ejecutar. En los pliegos respectivos hay que mencionar los elementos de valoración a ser aplicados separada o conjuntamente en orden decreciente según la importancia atribuida a cada uno.

Diversos pronunciamientos jurisdiccionales parecen inclinarse por otorgar mayor discrecionalidad, tanto en la identificación de las personas o empresas que la Administración considere con mayores garantías para

---

83. Providencia DGFCE, Régimen de la Adm. Publ., Ciencias de la Administración, nº. 73 de 1985, p. 94.
84. Cons. Stato, 1971, 1062, I, Sez. V, nº. 473 del 8/6/1971.

realizar las obras, como en la valoración de las ofertas individuales bajo el perfil técnico y económico[85].

No obstante, esta jurisprudencia presupone que los criterios de valoración de los proyectos sean determinados de antemano y que los juicios que en su consecuencia se realicen aseguren la mayor objetividad posible, la imparcialidad y la transparencia.

El Consejo de Estado italiano[86] ha declarado ilegítimo el procedimiento licitatorio y la adjudicación efectuada por no haberse respetado el procedimiento que impone la observancia de una misma metodología de evaluación respecto de la totalidad de los oferentes. Se entendió vulnerado el principio de igualdad, e incorrectamente ejercida la discrecionalidad.

En nuestro país, conforme diversas normativas vigentes en estos últimos años[87] la propuesta más conveniente resulta de la ponderación conjunta del precio, la calidad, la idoneidad del oferente y demás condiciones de la oferta que acrediten el mayor beneficio para el interés de la sociedad.

Como bien expresa Gusmán (2002, p. 123), la determinación de la oferta más conveniente debe requerir: *a)* la comparación objetiva de los elementos ciertos que contienen las ofertas; *b)* la justificación de la compensación del valor económico por otros valores vinculados a la bondad, utilidad o eficacia de la prestación; *c)* la demostración de que la ventaja que representa la oferta tiene relación directa con el objeto de la prestación y las funciones que debe cumplir; *d)* el ajuste del dictamen a las reglas técnicas establecidas en los pliegos respectivos; *e)* otras variables que demuestren el mayor beneficio para los intereses público.

En mi criterio, a los fines de garantizar la mayor objetividad y transparencia del procedimiento de selección del contratista, el menor precio debe seguir siendo prioritario dentro de la pirámide jerarquizada de los diferentes aspectos a valorar. En caso de apartamiento de este principio general, su justificación y motivación deben ser contundentes en orden a establecer en el caso concreto otro orden de prioridades.

La oferta más conveniente es únicamente la de menor precio, cuando el Estado compra o contrata servicios estandarizados o de uso común. En

---

85.   TAR Abruzzo, *L'Aquila*, n°. 58 del 14/2/1979, en *Trib. Adm. Reg.*, 1979, pp. 1299 y ss.
86.   *Cons. Stato*, 397 de 1986..
87.   Art. 18, Ley de Reforma del Estado 23696, art. 23, reglamento aprobado por decreto 436/2000, arts. 15 y concs., Reglamento delegado 1023/8/2001 (dictado en el marco de la ley 25414, entre otras).

estos casos el producto o servicio presenta características técnicas similares en torno a la calidad y demás aspectos garantísticos. Ha señalado el Tribunal Superior de Justicia de Neuquén que

> la elección de la oferta más conveniente presupone que las distintas ofertas presentadas sean comparables entre sí y, en este sentido, las bases de la selección juegan un papel decisivo, debiendo por ello ofrecer claridad, precisión y la menor cantidad posible de variables o elementos indeterminados[88].

Parece evidente, de esta evolución normativa y jurisprudencial, que el momento más importante en cuanto a la cuantificación de la discrecionalidad necesaria para elegir el mejor oferente, se halla más en la fase de preparación de los pliegos y normas secundarias (que prescriben los criterios de valoración con un orden de preferencias claramente establecidos), que, en la etapa de apreciación de las ofertas, previa a la adjudicación.

Estoy convencido de que los dispositivos legales y reglamentarios en materia de contrataciones del Estado deben precisar con mayor claridad las características de la «mejor oferta». No basta con decir que es «la más ventajosa», por la amplitud de tal concepto, que alude tanto al precio más bajo como a la mejor provista de otros elementos cualificantes y garantísticos, aspectos que muchas veces no concilian en la práctica. Quizá debería determinarse, en virtud del tipo de contratación a realizar, en qué casos la mejor propuesta es la de menor precio y en cuáles los otros factores se imponen. Si lo adecuado es una combinación de ambos, es conveniente expresar las prioridades y mecanismos necesarios para asegurar la armonía de estos componentes.

Es obvio que la discrecionalidad no interviene cuando la economicidad del precio es el factor gravitante; en cambio, puede estar presente al apreciar los elementos cualificantes, planes de avance, patrimonio de las empresas antecedentes y experiencias en la especialidad, programas de inversión, cantidad de personal, etc.

A tal fin, considero útil el diseño propuesto en los puntos anteriores, para distinguir el límite entre lo vinculado y lo discrecional, pero siempre buscando una adecuada convivencia entre ambos aspectos, porque es tan importante el juicio objetivable, como el subjetivo que trasunta una ponderación razonable.

Con relación a los mecanismos de selección del contratista, los diferentes regímenes jurídicos en general mencionan diversas alternativas:

---

88. Trib. Sup. Neuquén, acuerdo 617/2000, «Consur v. Municipalidad de Neuquén, s/A.P.A.», jueces: González Taboada, Macome, Medrano, Otharan y Vidal; citado por Barrese y Bacci (2000, p. 515).

licitación o concurso, contratación directa, subasta o remate públicos, entre otras.

La selección de uno de los mecanismos mencionados *supra*, está sujeto a determinadas circunstancias descriptas por la reglamentación, para cuya determinación pueden existir porciones más o menos grandes de discrecionalidad (según las características de los bienes o servicios a contratar, monto estimado del contrato, condiciones de comercialización y configuración del mercado, razones de urgencia o emergencia, economicidad, eficiencia y eficacia en la aplicación de los recursos públicos, entre otros aspectos).

En cualquiera de las formas de selección previstas por las diversas normativas se debe garantizar, con mayor o menor intensidad, según el caso, los principios fundamentales de todo procedimiento de selección que devienen del sistema republicano y de la unicidad del orden jurídico, omnicomprensivo de los principios generales del derecho: transparencia, publicidad, concurrencia, e igualdad.

Como bien sabemos, ni siquiera la contratación directa implica una libre elección ya que la misma está sujeta a una serie de requisitos reglados. Debe seguir implicando una causal excepcional debidamente justificada y motivada.

Cuando mayor sea la discrecionalidad utilizada por el funcionario competente y menos intensa sea la aplicación de los principios de selección enunciados, mayor debe ser la justificación y motivación del porqué de la opción elegida en el amplio marco de la juridicidad. No basta una aplicación automática de la norma sin armonizarla con el resto del orden jurídico vigente. De lo contrario el vicio resultaría evidente, siendo obligación de los jueces sancionar sin hesitación toda violación a la juridicidad en el sentido amplio expresado[89].

5. *Juicios médicos*

La salud es una situación empírica cuya verificación y apreciación debe ser realizada por un profesional, siguiendo las reglas de su arte. Puede elegir las metodologías que estime adecuadas, para lo cual tiene pequeños márgenes discrecionales.

Sobre la composición de los integrantes de un concurso para un hospital, ha expresado la jurisprudencia: «si el juez administrativo no puede invadir el campo de las valoraciones técnico-discrecionales de la Administración Pública, sustituyendo su propio juicio por el de los organismos

---

89.   Ver reconfortantes fundamentos de Comadira (2000b, p. 91 y ss.).

administrativos en un campo exquisitamente técnico y especializado, no por ello deja de investigar los límites dentro de los cuales la valoración de la afinidad de las materias es remitida a la Administración Pública»[90]. También se ha señalado que

...la determinación del grado de incapacidad comporta el resultado de un íter lógico debidamente fundado a través de una metodología científica consolidada que permita al juzgador su revisión judicial por medio de la apreciación y valoración de la totalidad de las probanzas de autos, conforme las reglas de la lógica y de la sana crítica racional. Por otra parte, debe tener en cuenta... la fundamentación de los métodos aplicados para precisar los porcentajes de incapacidad adjudicados. La ligereza en ello puede trasuntar apreciaciones poco serias o realizadas superficialmente, lo cual le resta credibilidad y sustento científico[91].

El tribunal no se halla vinculado para determinar la idoneidad física para el desempeño de funciones públicas a un informe concreto, sino que puede, tras examinar todos los informes obrantes en autos, resolver según las reglas de la sana crítica[92].

Es menester analizar toda la prueba, evaluar la metodología empleada, su fundamentación, profundizar sus divergencias y en definitiva decidir a la luz de las reglas de la sana crítica racional. La zona de penumbra cuya opinabilidad resulta indudable de la secuencia referida, confiere un margen de apreciación en favor de la Administración, siempre que esté avalada técnicamente en forma suficiente.

Cabe señalar que dentro de la apreciación entran meras voliciones y juicios intelectivos, por lo cual es necesario establecer diferencias. Este aspecto es uno de los puntos más criticados de la teoría de los conceptos jurídicos indeterminados, que no ha conseguido aclarar tal cuestión.

Bien se puede afirmar que la graduación de la salud de una persona atraviesa por dos etapas ineludibles: *a*) la verificación o comprobación de ciertos elementos, como los análisis clínicos, la tensión, el peso, los síntomas físicos, etc.; *b*) la valoración o apreciación de tales aspectos en función de las diferentes metodologías, criterios e interpretaciones que ofrece la disciplina médica, y, en su caso, la especialidad de que se trate.

La primera etapa trasunta una actividad vinculada y, por ende, fácilmente comprobable jurisdiccionalmente. La segunda, al contrario, no

---

90. Cons. Stato, V Sez. 11/4/1959, n°. 186, *Foro Amministrativo*, 1959, p. 325.
91. Cám. Cont. Adm., 1ª Nom. Córdoba, sent. del 27/3/1991, «Cocetti, Ezio v. Caja de Jubilaciones de Córdoba». Jueces: Domingo Sesin, Ricardo Molina y Licia Carranza.
92. Sent. del Tribunal Supremo español del 14/2/1986, sala 5ª, *Rev. Adm. Públ. Esp.*, n°. 110 (mayo-agosto 1986), p. 324.

siempre se sujeta a pautas uniformes y consentidas por la comunidad científica.

Existen dificultades no sólo gnoseológicas sino también ontológicas para determinar en ocasiones el grado de salud (nocividad, peligrosidad, gravedad). Las terapias a utilizar, por otra parte (cirugía, rehabilitación con aparatos, etc.), no siempre son indiscutibles para los profesionales del área. Por tanto, es lógico afirmar que hay márgenes de discrecionalidad que la autoridad técnica correspondiente debe utilizar.

La solución final es la siguiente: existe o no enfermedad, hay tal porcentaje de incapacidad, por ejemplo; para ello, la Administración ha integrado creativamente nuevos elementos que completan el procedimiento de aplicación de lo preceptuado normativamente.

El orden jurídico quiere que se llegue a una solución correcta, aunque deje librado a las circunstancias la univocidad o no del concepto. El control —como ha quedado señalado para casos similares—, además de recaer sobre todos los elementos intelectivos (competencia, causa, motivación, objeto, procedimiento, fin), la verificación de los hechos y la apreciación sobre bases objetivables, no deja de revisar la atendibilidad del juicio y su razonabilidad, cuando advierte la opinabilidad técnica o científica.

6. *Ruina de la obra y pérdida de funcionalidad*

En el ámbito de la ingeniería y arquitectura se utiliza normalmente reglas técnicas o científicas de aceptable consenso, en cuanto no es difícil comprobar las deficiencias matemáticas, constructivas, etc. De tal forma, el derrumbe de un puente, el hundimiento de un edificio, la irrepresentatividad del sistema de variaciones de costos con relación a los precios de plaza, ponen en evidencia la presencia de pautas más o menos claras que hacen posible la revisión judicial sin mayores complicaciones.

Ha sustentado el Tribunal Superior de Justicia de Córdoba[93], en los casos en que la técnica constituye el factor gravitante de las resoluciones administrativas, que «estos actos son reglados en la medida en que están previstos por normas preestablecidas, aunque sean técnicos en todo o en parte... Incluso, el mérito técnico incorporado al acto se agota como estimación y, plasmado, queda incorporado a la legalidad del acto».

En el caso citado se discutía la calificación de trabajos profesionales como proyecto sin planos de detalles y construcciones, referidos a cuatro

---

93. Sent. 14 del 23/4/1980, «Valle Luque de Marchesini y otro v. Consejo Profesional de la Ingeniería y Arquitectura Cont. Adm.», jueces: Abad Hernando, Espinosa y Álvarez.

prototipos distintos de vivienda, concebido el conjunto como una obra arquitectónica única. Con otras integraciones, el tribunal ha manifestado ante supuestos análogos, que «más que una merituación técnica, se vuelve el caso sujeto a análisis, una interpretación de la norma»[94].

Desde el punto de vista técnico los especialistas consideran que es fácil detectar la ruina de una obra e incluso la inminencia de la ruina, pero que es controvertido, en cambio, lo relacionado con la pérdida de funcionalidad de la construcción-instalación (Bedoya, 1978). Si en este último caso hay diversidad de criterios plausibles, el que elige la Administración cumple con lo querido por el derecho; no puede el juez sustituirlo por otro, sino que su cometido finaliza con la revisión de la atendibilidad o tolerancia.

De los ejemplos expuestos se deduce cómo la discrecionalidad ha jugado un rol creativo de integración del orden jurídico en el caso concreto, constituyéndose en zona de reserva que sólo representantes del pueblo deben valorar y resolver, directa o indirectamente.

Si no hay principios ni técnicas únicas y valederas, ni el perito más preparado puede comprobar la indiscutibilidad de la más apta, el marco de libertad administrativa se impone.

7. *Reajuste o aumento tarifario*

En general existe el convencimiento de que las tarifas deben ser justas y razonables (Pérez Hualde, 2002, p. 83 y ss.; Bianchi, 1999; Cassagne, 1994, p. 179 y ss.; Cincunegui, 1996, p. 107 y ss.; Vivoli, 1997, p. 119 y ss.; Grecco, 1990, p. 482 y ss.; Urrutigoity, 1994, p. 63 y ss.).

En los diversos sistemas de reajuste tarifario de las concesiones, licencias y permisos de servicios públicos registrados en nuestro país, se pretende que sirvan para satisfacer los gastos de mantenimiento y explotación, la amortización de los bienes, los costos de ampliación del servicio y un razonable beneficio empresario (suficiente retorno). La eficiencia en la gestión del servicio también integra el fundamento para pedir el aumento tarifario, además de las causales clásicas como la imprevisión, acto del príncipe, circunstancias materiales imprevistas, modificaciones contractuales, caso fortuito, entre otras.

Así por ejemplo, el marco regulatorio de los servicios eléctricos prescripto por la ley 24065 determina que las tarifas deberán proveer a los

---

94.   Sent. 22 del 10/7/1987, «Abed, Luis César v. Consejo Profesional de la Ingeniería y Arquitectura de la provincia de Córdoba Cont. Adm.», jueces: Martínez Echenique, Serra y Ayán.

prestadores de fondos suficientes para satisfacer los costos operativos razonables aplicables al servicio, impuestos, amortizaciones y una tasa de retorno razonable. Esta última está sujeta a la eficiencia y eficacia operativa de la empresa y a la armonización con los estándares habituales de la industria, a la de otras actividades de riesgo equivalente o comparable nacional o internacionalmente (arts. 19 y 41).

En el servicio telefónico, las tarifas deben ser justas y suficientes para cubrir los costos de una Administración eficiente y suministrar una ganancia razonable (art. 16, decreto 731/1989). Mientras que en el régimen regulatorio del gas (arts. 38, 39 y 41, ley 24076), el ajuste de las tarifas tiene por objetivo la obtención de ingresos suficientes para sufragar los costos operativos razonables aplicables al servicio, impuestos, amortizaciones y una rentabilidad razonable. Debe guardar analogía con otras actividades de riesgo equivalentes y el grado de eficiencia y prestación satisfactoria del servicio. Asimismo, los prestadores pueden disminuir la rentabilidad pero en ningún caso podrán dejar de recuperar sus costos.

Según Cincunegui (1996, p. 112 y ss.), la experiencia acumulada por la ley 12910 debe servir para establecer un régimen tarifario razonable y justo, donde el reajuste tenga en cuenta: *a)* la existencia de probables oscilaciones en más o en menos a los precios básicos contractuales; y *b)* la prueba del adecuado *management* de los contratistas, ya que no puede existir aumento alguno frente a impericia, negligencia o ineficiencia del empresario. El reajuste debe trasuntar un incremento de costos debidamente acreditados, sin mengua de la eficiencia que es dable exigir al contratista.

Bianchi (1999, p. 5), comenta que en algunos de los servicios privatizados en la Argentina la regulación de las tarifas armoniza con el sistema (conocido como RPIX) utilizado por Margaret Thatcher a comienzos de los años ochenta, mediante el cual la retribución del prestador deviene de un monto total anual, sobre la base de una lista de precios incrementados por la inflación conforme a un índice de precios minoristas (entre otros aspectos técnicos, incluyendo índices de reducción y factores de eficiencia e inversión).

El derecho del contratista al mantenimiento de la ecuación económico-financiera del contrato y la continuidad en la prestación del servicio a fin de satisfacer el interés público, imponen la necesidad de habilitar el incremento tarifario siempre que se haya acreditado conforme a pautas técnicas de universal consenso los mayores costos existentes. Ello tiene por objetivo el mantenimiento y expansión de un servicio eficiente, cuyos ingresos cubran el costo económico de la prestación con un margen razonable de ganancia. Ello debe guardar equivalencia con otras actividades semejantes con riesgo similar.

En la causa «Maruba» la Corte Suprema de la Nación[95] sostuvo que

...resulta ilegítima la pretensión de que un régimen tarifario se mantenga inalterado a lo largo del tiempo si las circunstancias imponen su modificación, ya que ello implicaría que la Administración renunciara ilegítimamente a su prerrogativa de control de la evolución de las tarifas, y en su caso, de la necesidad de su modificación, y, por otra parte, afectaría el principio de igualdad de la licitación, ya que los demás oferentes, al momento de presentarse en aquélla, tuvieron en cuenta las pautas de posible modificación tarifaria posterior, y sobre esas condiciones efectuaron sus propuestas... Que las atribuciones de la Administración Pública en materia de tarifas no se ejercen en forma discrecional, sino sujetas a la demostración objetiva del fundamento de las modificaciones que se efectúen...

Que, en tales condiciones, para ser resarcida, la actora debió acreditar el perjuicio que dice haber sufrido, exigencia con la que no cumplió.

Conforme las pautas contractuales la Administración estaba obligada a garantizar una rentabilidad razonable por la explotación del servicio.

Con buen criterio, el tribunal entiende que, con arreglo a pautas fundadas y probanzas objetivas de envergadura, es posible determinar el derecho al reajuste tarifario, sin encuadrarlo exclusivamente en el ámbito de la discrecionalidad. No obstante, en algún supuesto podría la Administración aplicar pequeños porcentajes de discrecionalidad en la evaluación y ponderación del reajuste tarifario que le corresponde al contratista, tomando siempre como base las reglas técnicas que lo justifiquen.

En este marco, cabe preguntarse si la expresión tarifa «justa y razonable» comporta un concepto jurídico indeterminado, caracterizado por la doctrina alemana en el sentido de que sólo es posible llegar a una sola solución justa.

La caracterización fundamental de esta teoría es someter a interpretación la aplicación de los conceptos jurídicos imprecisos siguiendo un razonamiento estrictamente jurídico para llegar a una solución justa. El problema a resolver se convierte en una cuestión de aplicación del derecho, porque no admite la posibilidad de elegir una alternativa entre varias igualmente válidas mediante el uso de la discrecionalidad.

La aplicación literal de esta teoría puede ser correcta cuando la realización de ciertos conceptos no admite más que una solución justa: en este caso, si por ejemplo, aplicando una regla técnica, científica o de experiencia de universal consenso, es fácil acreditar el derecho del empresario

---

95. CSJN, 30/6/1998, «Maruba S.C.A. Empresa de Navegación Marítima v. Estado nacional».

al reajuste tarifario. Empero, ello no ocurre cuando en su concreción se presentan varias probables soluciones ponderadas por la Administración y es tan razonable una como otra.

Es necesario analizar cada supuesto real de aplicación del referido concepto para entonces determinar con certeza si su realización admite una o varias soluciones igualmente correctas para el derecho. Existirán casos en los que sólo a través de reglas técnicas se podrá determinar la razonabilidad de una tarifa o la intensidad del derecho al reajuste de la misma. En otros supuestos, en cambio podrán ser aplicables tanto pautas técnicas tolerables y pequeños porcentajes de discrecionalidad.

Como es sabido, determinar la razonabilidad de un reajuste tarifario se vincula muchas veces con cuestiones técnicas, científicas o de experiencia. La remisión normativa a valoraciones técnicas no supone automáticamente la atribución al órgano administrativo de una potestad inmune al control judicial. En efecto, las reglas técnicas (conocimiento especializado) de universal consenso, o al menos tolerables (cuando trasuntan una verdad relativa), las reglas de la experiencia (conocimientos prácticos comunes) como los estándares de conductas, integran el orden jurídico administrativo por remisión expresa o implícita de éste.

En consecuencia, si para determinar la razonabilidad del reajuste tarifario sólo es posible la aplicación de una regla técnica, científica o de experiencia de universal consenso y es debidamente acreditado el real y efectivo aumento de costos, su equivalencia con prestaciones similares y la existencia de eficiencia empresarial (lo que excluye su impericia o negligencia), no existe potestad discrecional, y todo se remite al bloque de lo reglado o vinculado. Cuando en cambio, existan dudas técnicas razonables, compensaciones efectuadas, escasa eficiencia empresarial, valoración del riesgo empresario, incumplimientos contractuales ponderables, entre otros numerosos aspectos, la medición del derecho al reajuste comporta la apreciación conjunta tanto de pautas técnicas como de momentos de razonable discrecionalidad.

Capítulo 5
Control judicial intenso y menos intenso

I. CONTROL JUDICIAL FUERTE Y DÉBIL

Parejo Alfonso (1993, p. 118 y ss.) comenta que alguna doctrina alemana diferencia dos tipos de conceptos: «empíricos o descriptivos» y «normativos o valorativos». Los primeros se refieren a objetos o acontecimientos de la realidad con facilidad de ser percibidos o experimentados. Los segundos, desprovistos de referencia a la realidad, aluden a juicios o reglas metajurídicas o estados del conocimiento científico o técnico, provocando problemas de incerteza en su fase interpretativa. De allí que Ulé en esta última hipótesis se refiera a la «renuncia del legislador en favor de la Administración», prerrogativa de valoración o apreciación exclusiva de la Administración, que los jueces no pueden reproducir en el proceso aplicativo de la norma, no obstante, la utilización de la prueba pericial.

Como bien nos explica Bacigalupo (1997 p. 128), la jurisprudencia alemana no reconocía en todos los casos de aplicación de los conceptos jurídicos indeterminados dudosos el margen de apreciación en favor de la Administración, razón por la cual el ministro de Justicia de un *Land* propuso introducir un nuevo dispositivo en la Ley de la Jurisdicción Contencioso Administrativa alemana que extienda el margen de apreciación a todos los supuestos de aplicación de los conceptos jurídicos indeterminados, con la siguiente redacción: 1. Cuando la aplicación de un concepto jurídico indeterminado haga necesaria ponderaciones, pronósticos o valoraciones, la Administración dispondrá para ello de un margen de apreciación. 2. El tribunal controlará si a la Administración le corresponde un margen de apreciación, así como si ésta ha traspasado los límites legales de la habilitación de apreciación o ha ejercido la misma de un modo no adecuado a su finalidad.

Las dificultades prácticas que genera la aplicación de reglas complejas de la experiencia común o técnica, el temor de sustituir un criterio administrativo «opinable» por una decisión judicial que trasunte un juicio de valor discutible, son algunos de los supuestos excepcionales que pueden justificar el margen de confianza en favor de la Administración.

En las últimas reflexiones sobre el tema el propio García de Enterría (1998, p. 137) distingue según que los conceptos jurídicos indeterminados sean conceptos de experiencia o de valor. Los primeros por relacionarse con los hechos, el control judicial es pleno. En cambio, los segundos que no sólo se vinculan con cuestiones de hechos sino de valor, que «pueden ser técnicos (impacto ambiental) o políticos (interés público, utilidad pública), proporcionan a la primera y decisoria apreciación por la Administración una cierta presunción en favor de su juicio, que se entiende realizado, en principio, desde una posición formalmente objetiva y en virtud de medios técnicos y de criterios políticos, que, en la práctica, sólo negativamente, cuando el error o la arbitrariedad pueden ser positivamente demostrados, pueden ser controlados por el juez». De esta forma simple el autor ratifica la doctrina del «margen de apreciación» en favor de la Administración que otorga una cierta presunción de acierto dentro del halo del concepto.

Aun en dicho ámbito, es indudable que el control judicial sólo es viable en las hipótesis de límites y excesos, mediante prueba irrefutable que acredite debidamente tales desviaciones.

Cassagne (2017, p. 261) distingue, siguiendo en alguna medida a Dworkin, tres tipos de discrecionalidad: a) discrecionalidad fuerte o típica que acaece cuando el margen discrecional no se encuentra limitado por conceptos jurídicos determinados o indeterminados; b) discrecionalidad débil o atípica, que ocurre cuando la discrecionalidad se encuentra limitada por un concepto jurídico indeterminado, que si bien en principio admite una solución justa, en algunos supuestos puede implicar un pequeño margen de valorización (razonabilidad de las tarifas de servicios públicos); c) el margen de actuación está limitado a supuestos predeterminados por el ordenamiento (discrecionalidad atenuada, que puede considerarse un segundo sentido de la discrecionalidad débil).

Corvalán (2016, pp. 169, 173, 183, 186, 187 y 205) explicita la discrecionalidad en sentido débil, que comprende dos cosas. Una surge cuando el operador no cuenta con la solución normativa (laguna). La otra cuando existiendo una normativa genérica no se puede determinar con facilidad la respuesta individual porque las propiedades que eligió el legislador presentan problemas semánticos. Según el citado jurista, la discrecionalidad débil implica el uso de una libertad negativa, identificando opciones en una tarea reconstructiva.

La discrecionalidad fuerte se presenta para Corvalán frente a formulaciones normativa que confieren poderes, evaluaciones que se realicen en función de las circunstancias del caso concreto —por ejemplo, cuando la Administración debe hacer todo lo requerido para el adecuado mantenimiento de los espacios públicos— (2016, pp. 224/225).

Al respecto Barra (2016, p. 470; 2006, pp. 870 y ss.) efectúa una síntesis clasificatoria del grado de revisibilidad por parte de los jueces en relación a la discrecionalidad y la deferencia del modo siguiente:

a) Estricta o rigurosa: si la actividad es reglada.

b) Considerada o respetuosa: si se trata de la interpretación meramente jurídica de una norma legal, por parte de la agencia encargada de aplicar esa ley, aun cuando la actividad sea en si misma discrecional (por ej., interpretar el concepto de «oferta más conveniente» del art. 18 de la ley de obras públicas n° 13064, pero, recordemos si dicho concepto, en el caso, sólo admite una aplicación justa, se tratará de una actividad reglada y no discrecional).

c) Deferente: si la actividad es discrecional, aunque con diversos grados:

c) 1) débil (aunque más fuerte que la meramente «considerara o respetuosa») en los siguientes casos:

c) 1) 1) si se trata de una mera cuestión de interpretación técnica (aunque será más fuerte si es estrictamente técnica, p. ej. el concepto de «obra de arte» en los pliegos de contrataciones viales). Califico a esta categoría, en general, como «débil» y no «fuerte» ya que aun frente a ella no le será posible al intérprete prescindir totalmente del contexto jurídico donde se encuentra el concepto, lo que siempre es de la competencia de los jueces.

c) 1) 2) si, por la naturaleza de la decisión sometida a revisión, no cabe presumir que el legislador ha atribuido una amplia competencia materialmente legislativa en la Administración (la decisión de la agencia es sin «fuerza de ley») aun cuando la agencia, sin contar con tal competencia haya tomado la decisión previo procedimiento de «noticie» o similar, siendo esto innecesario: no cabe en esta hipótesis presumir que el Congreso haya previsto que la agencia actuaría como lawmaker y daría a su decisión la «fuerza de ley». Se estará en esta categoría en el grado de deferencia-Skidmore/Mead, menos fuerte que la deferencia-Chevron.

c) 1) 3) si la presunción es contraria a la atribución de competencia por la índole de la cuestión (p. ej., trascendencia política o económica, etc.), lo que importa una actividad reglada negativa: prohibición de decidir en el tema (doctrina Brown en el caso del tabaco

c) 2) Fuerte, si, conforme con la ley a ser aplicada, la agencia encargada de tal aplicación, emite reglamentos o actos con «fuerza de ley», es decir, con carácter vinculante para la agencia y el administrado parte en la relación jurídica y también para terceros. Estos, serán alcanzados por el reglamento en cuestión, de encontrarse comprendidos en la hipótesis fáctica de dicha norma, pero también por el acto individual, ya sea porque de alguna manera lo afecte o por su vigencia como precedente. Se trata, en definitiva, de la «deferencia-Chevron» que, en nuestro caso llega a un máximo (obviamente para los jueces) en el caso de los decretos de necesidad y urgencia (salvo en las materias prohibidas por el art. 99.3, CN) y en los decretos de legislación delegada, ya que en ambas hipótesis nos encontramos con normas de la misma jerarquía que la ley emanada del Congreso. Aun así recordemos que la deferencia será «más fuerte» en el caso en que la decisión administrativa se aparte de sus propios precedentes o de otros judiciales (siempre que estos no hayan definido a la norma principal, la que otorga la competencia, como atributiva de una competencia reglada) (no ambigüedad) ya que aquella decisión bajo análisis tendrá que demostrar con mayor rigor la racionalidad del apartamiento de los precedentes.

Ahora bien, en algunos supuestos la clave de la cuestión consiste en indagar cuál es la graduación del control: a) control intenso; b) control menos intenso.

a) El control intenso implica que el juez no sólo analiza si la construcción administrativa cuenta con sustento técnico y jurídico aceptable, si el procedimiento seguido es el correcto, si el acto está motivado, es lógico y razonable entre otros aspectos, sino que, esencialmente, va a verificar la exactitud técnica del contenido intrínseco del acto o producto final de la decisión. Ello a través de los peritos, y los diversos medios de prueba regulados procesalmente.

Éste es el camino apropiado cuando deben aplicarse reglas técnicas o científicas de universal consenso, es decir, pautas aceptadas por los especialistas sin discusiones. Lo mismo ocurre con las reglas de experiencia o estándar de conducta, aceptados en forma normal e indiscutible por la comunidad.

Y si el acto no ha respetado ese tipo de técnica o pauta, debe ser anulado por el juez. Aquí no hay sustitución de una decisión administrativa ni invasión de la zona de reserva de la Administración, porque esa regla técnica pasa a integrar el mundo de la juridicidad por remisión del orden jurídico a una regla científica o técnica de validez incuestionada. Consecuentemente, se trata de un vicio de violación de la ley.

Es importante recordar que ello ocurre generalmente con las ciencias exactas (física, química, matemática, biología, medicina, arquitectura, ingeniería, geología, etc.), en los cuales la opinabilidad es inexistente o reducida. Normalmente el aspecto técnico o científico se puede apreciar en su estado puro, sin connotaciones de apreciación del interés público con ponderaciones de mérito, oportunidad o conveniencia.

Así, por ejemplo, al analizar si un producto alimenticio es nocivo para la salud, el juez debe tener un conocimiento a fondo del hecho, la regla técnica aplicable, la calificación jurídica correspondiente, reproduciendo la construcción administrativa realizada. No basta un control negativo de los límites de la juridicidad, de la razonabilidad o la deferencia.

b)   El control es menos intenso cuando las reglas técnicas admiten márgenes de opinabilidad, o el juicio técnico está íntimamente entremezclado con ponderaciones del interés público donde anida la discrecionalidad. En este caso aun cuando debe analizarse detenidamente la regla técnica y sus márgenes de opinabilidad, debe prestarse más atención a la corrección del procedimiento administrativo desarrollado por la Administración, la ausencia de arbitrariedad o desviación de poder, la razonabilidad, la coherencia técnica, la logicidad, la motivación congruente, entre otros aspectos. Aquí los jueces depositan gran confianza en la capacidad técnica y científica de la Administración. Sólo se anula lo que se considera ostensiblemente arbitrario, con abuso de la discrecionalidad, inmotivado, juicio técnico inatendible o escasamente verosímil. El control se enfatiza en los límites negativos de la juridicidad, la razonabilidad y la deferencia.

Ello generalmente ocurre cuando se trata de técnicas o estándares que admiten, además de la evaluación científica, un grado de ponderación discrecional en función de los intereses públicos primarios o secundarios en juego. Esto es, una conjunción entre lo técnico y lo discrecional. Me refiero a las cuestiones relacionadas, con los pronósticos sociales, de salubridad o de seguridad, la prevención policial de una situación de perturbación o crisis, las valoraciones artísticas o históricas, la belleza panorámica, el peligro, la urgencia, entre otros.

El Tribunal administrativo federal Alemán ha señalado «que por principios vinculados al estado de derecho y al art. 19 inc. 4 de la Constitución Alemana, también en los supuestos excepcionales es posible un control judicial, aunque restringido. Es decir, no existe en ningún caso un poder discrecional absoluto ilimitado»[96]. También ha resuelto que el «control judicial, en los casos de haberse concedido un poder discrecional, se limita a la determinación del cumplimiento de los parámetros legales. El control judicial termina allí donde comienza la facultad de valorización o elección concedida a la Administración»[97].

---

96.   BverwGE459, 213 (216).
97.   Cfr. Bverw72, 195 (199), 81, 12 (17), 100, 221 (225); Bverwfge88, 40 (61), 103, 142 (1565), 116, 1 (18).

II. REQUISITOS Y VICIOS DE LOS JUICIOS SUBSUMIBLES EN REGLAS CIERTAS O TOLERABLES

Los juicios científicos, técnicos o de experiencia que realice la Administración a los efectos de verificar o apreciar los hechos concretos, deben ser suficientemente motivados mediante la referencia a la regla objetiva o tolerable utilizada en virtud de la remisión dispuesta por el orden jurídico. La claridad y coherencia lógica han de ser evidentes, así como la imprescindible mención de los principios científicos en que se funde, sean éstos de aceptabilidad absoluta o relativa.

¿Cuáles son los vicios que se presentan al respecto? Las vacilaciones, la escasa firmeza, la motivación insuficiente (falta de explicitación de las reglas técnicas), la contradicción de la subsunción con pautas aceptables, la oscuridad, la deficiencia de los fundamentos técnicos, científicos o de experiencia, la falta de concordancia entre las opiniones técnicas, la falta de unicidad del razonamiento, entre otros.

III. CALIFICACIÓN OBLIGATORIA DE LOS JUICIOS POR EL PROFESIONAL DE LA ADMINISTRACIÓN O EL PERITO JUDICIAL

Los órganos especializados de la Administración dictaminan cuándo la cuestión requiere conocimientos científicos y técnicos. En el área judicial, el perito cumple idéntica labor. El cometido principal de los expertos es explicitar las deducciones que hay que extraer objetivamente de los hechos observados o tenidos por existentes, para que el funcionario y el juez resuelvan fundadamente. Se formulan juicios con relación a ciertos acontecimientos cuyo entendimiento requiere competencias no comunes al normal de las personas.

El profesional administrativo y el perito judicial cumplen una doble función: a) constatar, comprobar o verificar los hechos, investigar sus razones y determinar sus consecuencias; y b) indicar las reglas científicas, técnicas o de experiencia aplicables.

La percepción, deducción o inducción de los hechos importa una declaración científica que no constituye un simple informe sobre lo ocurrido, sino también un juicio valorativo sobre lo que es objeto directo de verificación, habida cuenta de las particularidades, antecedentes y efectos.

Los fundamentos han de ser convincentes y explicitados en forma coherente, clara y suficiente, sobre la base de un razonamiento lógico.

Es menester que los dictámenes técnicos y periciales informen en detalle cuáles son los aspectos perfectamente objetivables a la luz de las reglas respectivas, cuáles los tolerables, y cuáles admiten un mayor o menor grado de opinabilidad, y, por ende, la posibilidad de elegir entre dos o más opciones válidas. Es su deber descomponer el análisis en las referidas variantes que serán con posterioridad valoradas por quien tiene la competencia de resolver o bien dirimir conflictos, determinando las consecuencias ulteriores.

IV. NECESIDAD DE UNA PREVISIÓN NORMATIVA EN LOS CÓDIGOS PROCESALES ADMINISTRATIVOS Y LEYES DE PROCEDIMIENTO

De lo expuesto anteriormente surge mi propuesta a fin de orientar el cometido del juez y del administrador, y señalar los límites precisos en tan compleja problemática, pudiendo ajustarse incluso el plexo normativo vigente a las siguientes pautas:

a) En los códigos procesales administrativos se podría establecer que no sólo son objeto de control judicial las hipótesis fácilmente reconducibles a reglas técnicas, científicas o de experiencia tenidas por ciertas, universales y aceptadas por el consenso de los especialistas o la sociedad en su caso (estándares objetivos), sino también los juicios tolerables, cuya aproximación sea suficiente, atendible, razonable y motivada.

En otras palabras: que las cuestiones técnicas complejas opinables que no admitan una solución unívoca, sean controladas judicialmente hasta donde lo permitan sus aspectos objetivables, debiéndose aceptar como jurídicamente válidas las soluciones al menos tolerables por la comunidad científica, técnica o social correspondiente. El juez no podrá revisar, sin embargo, el mérito de la elección discrecional, salvo grave error o arbitrariedad.

b) Como consecuencia de lo anterior, no sólo es contrario a derecho el acto administrativo que vulnere las reglas ciertas y universales (como lo sustentan la doctrina y la legislación moderna en la materia), sino también cuando infrinja los criterios «atendibles», esto es, las aserciones que se proyecten como justificadas por el alto grado de probabilidad.

c) Atento a la relevancia que para el tribunal y la Administración tiene separar lo vinculado de lo discrecional, estimo propicio que tanto los códigos procesales como las leyes de procedimiento impongan la obligación al perito o profesional, en su caso, de expresar en su dictamen cuándo la ciencia, técnica o experiencia del *sub examine* es fácilmente subsumible e indiscutible y en qué casos esto es imposible.

d) Cuando la dinamicidad de la cuestión permita la aplicación de pautas objetivas, es aconsejable que quien formule la norma que regula la materia técnica, científica o de experiencia lo haga en forma clara. Frente a cuestiones complejas u opinables, el legislador puede remitirse a criterios «tolerables», determinando nítidamente cuál es el órgano técnico especializado encargado de fundamentar la decisión. La rebeldía natural de ciertas materias no debe ser prenormada en detalle para no inducir a error al intérprete.

e) Por último, es dable recordar que el control judicial no debe ser meramente formal; es necesario que analice las operaciones técnicas realizadas, la individualización de las reglas uniformes o tolerables en virtud de los modelos suministrados por las diversas especialidades y respete, obviamente, la esencia del momento discrecional, compuesto por la libertad de elección, que presupone una ponderación comparativa de intereses y asignación de valores prevalecientes.

En síntesis, los jueces deben abstenerse de apreciar en forma evidente o solapada la oportunidad, mérito o conveniencia del accionar administrativo, siempre que no se vulnere el bloque de juridicidad. Los gobernantes y su personal directivo son los únicos responsables de la eficiente y eficaz satisfacción de los intereses colectivos.

Parece prudente que en una democracia la determinación de los valores sea hecha por nuestros legítimos representantes. La soberanía popular, en caso de disconformidad, tiene sus remedios para diseñar el cambio que las circunstancias aconsejan. No es posible que los jueces sustituyan la apreciación del mérito que efectúan los gobernantes, cuando, cualquiera que fuera la alternativa utilizada, ésta encuadra dentro del orden jurídico.

La congruencia de la elección administrativa, su pragmaticidad y coherencia, la exacta comprobación de los hechos, la corrección de la estructura lógica de la valoración realizada, forman parte del explicitado, persuasivo y equilibrado pronunciamiento judicial. Pero, por, sobre todo, la prudencia frente a soluciones medianamente aceptables, y al mismo tiempo el coraje frente a la arbitrariedad o injusticia, constituyen los valores que el juzgador debe realizar, frente a la ambigüedad del proceso administrativo.

Capítulo 6
Diverso rol del juez y de la administración frente al ordenamiento jurídico

I. INTERPRETACIÓN E INTEGRACIÓN DEL ORDEN JURÍDICO POR EL JUEZ Y EL ADMINISTRADOR

1. *El ordenamiento utiliza conceptos abiertos que han de ser rellenados por sus destinatarios*

Como se ha señalado, el orden jurídico utiliza conceptos jurídicos indeterminados. A ellos se refiere la *iusfilosofía* cuando estudia los conceptos denominados abiertos, es decir, los que hacen referencia a estándares valorativos abstractos. Corresponde a sus destinatarios integrarlos en el momento de su concreción (Hart, 2011, p. 159 y ss. y Dworkin, 1977, p. 134 y ss.).

Dicha imprecisión es inevitable. A fin de que las normas que describen acontecimientos externos a los que se les asignan consecuencias jurídicas sean conocidas y obedecidas por todos, el Legislador adopta en la formulación de las reglas el lenguaje natural, el cual —insoslayablemente— presenta los déficits propios de la vaguedad y la ambigüedad. Lo explica Hart al señalar que la incerteza «...es el precio que hay que pagar por el uso de términos clasificatorios generales en cualquier forma de comunicación relativa a cuestiones de hecho» (Hart, 2011, p. 159). De este modo procura explicar que resulta imposible la previsión y normalización de todos los supuestos fácticos. Consecuentemente, como lo explica el autor (Hart, 2011, pp. 168 y 169),

> La textura abierta del derecho significa que hay, por cierto, áreas de conducta donde mucho debe dejarse para que sea desarrollado por los tribunales o por los funcionarios que procuran hacer un compromiso, a la luz de las circunstancias, entre los intereses en conflicto, cuyo peso varía de caso en caso. No obstante ello, la vida del derecho consiste en un muy gran medida en la orientación o guía, tanto de los funcionarios como de los particulares, mediante reglas determinadas que, a diferencia de las aplicaciones de *standards* variables,

no exigen de aquéllos una nueva valoración de caso a caso. Este hecho saliente de la vida social sigue siendo verdad, aun cuando puedan surgir incertidumbre respecto de la aplicabilidad a un caso concreto de cualquier regla.

De lo expuesto es dable inferir dos consecuencias:

a)   Hay casos en que la regla es clara y no es necesaria la interpretación judicial ni administrativa.

b)   Hay casos en que tanto jueces como funcionarios son los encargados de otorgar el sentido y el alcance de las reglas, a la luz de las circunstancias y del conflicto a resolver.

Por lo tanto, el poder hermenéutico ha sido conferido a los diversos intérpretes y operadores del sistema, convirtiéndose en un instrumento esencial de comunicación para inferir una regla a partir del texto legal vigente. De allí surge la importancia de las directivas dirigidas a los órganos competentes para poner en marcha la concreción de la juridicidad abstracta.

En otras palabras, la plenitud hermética del ordenamiento jurídico consiente relaciones de delegación entre las normas generales, las menos generales, las particulares y las plenamente individuales. Ellas implican interrelaciones recíprocas dentro de la sistemática ordinamental. En ocasiones se determina en forma expresa la pauta que debe respetar quien elabora la norma individual, mientras que en otros supuestos se conceden márgenes de mayor o menor libertad. La clave reside en interpretar a «quién» se delega, y «cómo» se integra el contenido de lo delegado. La clave es discernir a «quién» le corresponde determinar el sentido y el alcance de los concetos jurídicos indeterminados —es decir, definir los conceptos abiertos— porque si es el juez el que debe realizar esa tarea hermenéutica, le asiste la potestad de juzgar en todos los casos la decisión jurídica adoptada. En cambio, si se acepta que la Administración —mediante el ejercicio de la discrecionalidad— elija entre alternativas igualmente válidas, cabe concluirse que el juez debe respetar la zona de reserva administrativa sin modificar lo resuelto.

Para la teoría pura del derecho, las normas que individualizan el sistema jurídico, como el acto administrativo y la sentencia, no sólo implican una simple deducción lógica de la normativa general, sino que también aportan ingredientes que no están explicitados en el ordenamiento autoritativo.

El agregado que inserta cada poder no es siempre el mismo: el administrador y el legislador incorporan calificaciones que explicitan la juridicidad mediante un juicio objetivo y también valoraciones subjetivas originales relacionadas con la oportunidad o conveniencia. El juez, en cambio, sólo puede desarrollar elementos que ya forman parte del derecho, buscando la concreción de lo justo en el caso particular; no le preocupa el accionar práctico y continuo de la organización, como sucede en la actividad estatal sino, como dice Sánchez Agesta (1959, p. 483), la aplicación y el mantenimiento del derecho.

2. El juez dice el Derecho; la administración actúa

No es lo mismo decidir que controlar lo previamente decidido por otro. Si no existe en el ordenamiento jurídico parámetro alguno para la emisión de un acto administrativo, no es posible controlarlo jurídicamente, pues no hay control sin parámetro, sin normas de conducta, dice Bacigalupo (1997, p. 68 y ss.).

Ratificando doctrina alemana, el autor citado nos recuerda que la tutela judicial no implica que continúa el procedimiento administrativo mediante un simple cambio de roles, ratificando o no lo decidido por la Administración con sus mismos poderes de valoración, sino que la jurisdicción implica sólo control secundario cuyo único parámetro son la ley y el derecho.

Como bien dice Fernández (1994, p. 249), la tarea de los jueces no implica repetir el mismo ejercicio de la Administración, para llegar al mismo o diferente resultado (lo que les convertiría en administradores), sino «en verificar si en el ejercicio de su libertad decisoria la Administración ha observado o no los límites con los que el derecho acota esa libertad y si, finalmente, la decisión adoptada puede considerarse, en consecuencia, como una decisión racionalmente justificada».

Con el mismo criterio, Beltrán de Felipe (1995, p. 187) diferencia la función de administrar de la de juzgar y hacer ejecutar lo juzgado, por lo que la sustitución judicial de la discrecionalidad administrativa convertiría a los jueces en administradores, lo cual no armonizaría con su cometido específico de juzgar y hacer ejecutar lo juzgado, como lo señala el art. 117.3 de la Constitución española.

El control que realiza el juez no lo autoriza a la creación de normas jurídicas, no desempeña función directa alguna en la creación de las normas, correspondiéndole complementar con su doctrina el ordenamiento jurídico al interpretar y aplicar la ley, la costumbre y los principios generales del derecho (Parejo Alfonso, 1993, p. 50 y ss.).

En sentido estricto, el juez no crea el derecho libremente *ex novo*, porque la solución del caso siempre la encontrará en el amplio universo del orden jurídico. Por ello, aun cuando la determinación de la norma individual, por medio de la sentencia, agregue un elemento diferente, ésta no deja de pertenecer a la teoría de derecho. Lo que hace el juez es explicitar en el caso concreto el sistema ordinamental; por eso «dice el derecho», utilizando para ello la mecánica interpretativa, que será amplia o reducida según el caso.

La Administración «actúa», pero para tal accionar usa tanto la técnica de la interpretación (aunque no tenga la autoridad de verdad legal) como la de la discrecionalidad creativa en función del interés público en juego. Lo mismo hace el legislador.

La independencia judicial sólo tiene sentido bajo la suposición de que el juez no actúa, sino que conoce. La Administración es actividad, acción continuada en pro del interés público, mientras que la justicia se hace efectiva y se agota en actos de conocimiento jurídico.

La norma jurídica determina que, dado este hecho, debe tener lugar aquella consecuencia jurídica. La aplicación del derecho en este sentido no se presenta, pues, como una ponderación valorativa, sino como una especie de deducción, cuyo medio de realización, la conclusión silogística, es repetible y, por tanto, también controlable. Esto es lo específico de la función judicial, dice Forsthoff (1958, p. 128).

En este sentido, cabe describir la práctica judicial como lo hace Lorenzetti (2022, p. 241) cuando señala que en primer lugar

> Se debe identificar un conjunto de premisas jurídicas válidas que permitan formular un enunciado normativo general. Ello requiere la identificación de una norma válida conforme el criterio de jerarquía, especialidad y temporalidad (juicio de aplicación) y determinar su sentido (interpretación).

Establecida la premisa legal «El juez debe analizar los elementos fácticos y su correspondencia con la norma aplicable dando la solución al caso por la vía de la deducción» (Lorenzetti, 2022, p. 241).

No hay dudas de la similitud que existe entre el razonamiento del juez y el de la Administración respecto a los límites externos de la discrecionalidad, ya que éstos —como los del resto de la actividad vinculada— trasuntan operaciones lógicas subsumibles en el orden jurídico. Sin embargo, el momento más interno de la discrecionalidad sólo puede ser valorado por quien tiene competencia institucional para hacerlo. El sistema jurídico presta conformidad a cualquier medio válido que elija la Administración para efectuar la apreciación respectiva, pero esa elección —en principio— no tiene valor normativo fuera del caso concreto.

La interpretación, aun cuando utilice metodologías amplias, debe tener un sentido uniforme, por lo que su determinación concreta tiene

efectos generales, a diferencia de la discrecionalidad, cuya particulariza-
ción no siempre sirve como precedente de utilización obligatoria.

3. *El juez sólo interpreta el Derecho; la administración lo interpreta y a veces lo crea*

El Estado confía al juez el cometido de declarar razonadamente la
voluntad concreta de la ley que vincula el mundo de los hechos con el
bloque de juridicidad en forma hipotética y abstracta. La actividad cognoscitiva que precede a su pronunciamiento importa una facultad de ra-
ciocinio común a todo intérprete, pero una vez deducida la conclusión,
entonces impone el sello de la autoridad del Estado. Normalmente se
asigna al juzgador la función de interpretar el ordenamiento, resolviendo
una controversia entre partes con el dictado de una norma individual basada en la Constitución, la ley o los principios del derecho.

Lorenzetti (2022, pp. 239 y 240) expresa que «Existiendo una regla
de derecho aplicable se debe comenzar por intentar resolver un caso mediante la deducción y, si ella no es posible, se recurre a la argumentación».
De esta manera ratifica la vigencia teórica y práctica del criterio sustentado
por la consolidada jurisprudencia de la Corte Suprema de Justicia —a
la que se remite— según la cual cuando el texto legal es claro debe ser
aplicado directamente sin tener en cuenta otras consideraciones (Fallos
324:1740; 3143 y 3345), porque la letra de la ley es la primera fuente de
interpretación de la que no cabe prescindir (Fallos 314:1018 y 324: 2780).

Excepcionalmente el ordenamiento delega en los órganos judiciales la
facultad de inferir el criterio necesario para resolver el conflicto. La graduación de la pena, la determinación del monto justo de una indemnización
expropiatoria, la fijación de un plazo inexistente para el cumplimiento de
una obligación, son ejemplos fieles. Su contenido será rellenado con los
principios inmanentes del orden jurídico, las convicciones sociales, y, en
definitiva, las valoraciones de lo que es «justo», todo esto dentro del estilo
del sistema jurídico vigente.

En definitiva, el juez no administra ni legisla, interpreta el orden jurídico existente y sólo excepcionalmente tiene amplias facultades para
explicitar el derecho en el caso concreto. Su campo de acción en aquel
ámbito es mucho más reducido que el de la época del «pretor romano» y
del «canciller inglés» quienes —atento a las transformaciones sociales y
el escaso perfeccionamiento del derecho— actuaban con mayor libertad
(Pound, 1972, cap. III; 1921, pp. 18 y ss.).

Si el margen de libertad atribuido por el ordenamiento se dirige a
la Administración, habrá discrecionalidad (relacionada con cuestiones

técnicas, políticas, administrativas, etc.); en cambio, si su destinatario es el juez, habrá interpretación en sentido amplio.

Cuando el sistema jurídico encarga a la Administración la emisión del acto particular, reglando su conducta en forma expresa o implícita, hay interpretación en su concreción. En cambio, cuando le atribuye una facultad de opción, la «zona de reserva» debe integrarse creativamente con valoraciones de oportunidad y conveniencia. En síntesis, el contenido administrativo se integra: *a*) con pautas objetivables cuando sea posible; *b*) con criterios razonables en casos difíciles o complejos; y *c*) con modalidades discrecionales ante varias soluciones igualmente válidas.

Con razón manifiesta Recaséns Siches (Recaséns Siches, 1978, p. 6) que la interpretación no sólo consiste en actualizar el sentido de la norma superior, sino que abarca un enjambre de operaciones mentales recíprocamente entrelazadas; no puede haber interpretación abstracta sino en función de las realidades concretas y en conexión con las valoraciones que inspiran el orden jurídico positivo con el cual se esté trabajando.

Cuando en una situación determinada el juez debe precisar lo que es inmoral u obsceno, pueden existir márgenes de duda que el juzgador debe superar conforme a su ideal de justicia e interpretando las directrices axiológicas del orden jurídico: adoptará aquel principio que tenga mayor fuerza de convicción. En cambio, si los mismos conceptos deben ser determinados por la Administración, el margen de duda es resuelto a partir de la discrecionalidad, pero en función de lo mejor para el interés público. Lo relevante para los órganos administrativos es satisfacer las necesidades de la comunidad; el respeto por la juridicidad es accesorio, aunque obviamente ambos aspectos estén íntimamente relacionados. En el quehacer jurisdiccional el fenómeno es inverso; interesa primero la plena vigencia del orden jurídico y, en segundo lugar, la satisfacción del interés público.

En síntesis, tanto la Justicia como la Administración se someten a la juridicidad, pero la diferencia esencial es que para la primera el derecho es un fin en sí mismo, mientras que para la segunda es sólo un límite del obrar permitido.

4. *La discrecionalidad del juez no existe*

Hubo intentos de asimilar la discrecionalidad administrativa a la judicial una vez finalizada la Primera Guerra Mundial, debido a la confusa precisión de la demarcación de las funciones del Estado. Pero los diferentes intereses perseguidos por el juez y el administrador, puntualizados claramente por Giannini (1939, p. 101 y ss.), como la contraposición entre la «lógica» de la función judicial con la voluntad de la Administración, resaltada por Zanobini (1924, p. 383), se sobrepusieron a la pretendida asimilación.

Según Carnelutti (1979, p. 64 y ss.), el juez debe comportarse como un legislador en la búsqueda de la regla de equidad; Calamandrei (1961, p. 395 y ss.) dice, en cambio, que el órgano enjuiciante debe atenerse a las reglas sociales o parámetros objetivos.

El margen de libertad que excepcionalmente el ordenamiento otorga al juez puede estar presente en las siguientes etapas del proceso: *a*) en la apreciación de la prueba cuando carezca de pautas objetivas provenientes de la sana crítica. En este caso la libre convicción puede servir para apreciar la culpa, la negligencia, la buena fe, etc. *b*) Una vez encuadrado el hecho concreto en el supuesto previsto abstractamente por la norma, la consecuencia jurídica posterior es a veces dejada al arbitrio judicial para que establezca la calidad, cantidad o la alternativa conveniente para el caso. Éste es el supuesto más parecido a la discrecionalidad administrativa porque en esencia responde a un acto de voluntad, no de inteligencia. Por ejemplo, la fijación de la cuota alimentaria en los conflictos de familia, las visitas a los hijos, etc. En esta hipótesis el juez no cumple su obligación declarando la certeza en la resolución de la controversia, sino que debe explicitar lo que es justo en el caso particular, disponiendo las providencias necesarias para regular situaciones futuras. La característica relevante es que el propio legislador le encarga al juez la realización de esta tarea. Aun cuando parezca ser volitiva, es interpretativa y entraña un ideal de justicia. En la discrecionalidad administrativa, en cambio, el orden jurídico quiere que sean los órganos estatales quienes estimen lo más conveniente, pero en pos de un ideal de eficacia, eficiencia, utilidad o economía, más que de justicia.

La «libertad concedida al juez» no implica la sustitución de una actividad ejercida por otro poder el Estado. Esto no ocurre en la especie porque no hay un acto administrativo previo; es el juez el destinatario directo e inmediato de la regla de conducta. La indeterminación normativa dejada ex profeso por el legislador remite para su integración la interpretación del juez.

Por todo esto, en rigor formal no hay «discrecionalidad judicial»: *a*) La facultad discrecional implica una «posibilidad de elección entre alternativas igualmente válidas para el derecho», que el juez institucionalmente no puede consentir, ya que, si bien en su fuero interno admite este espectro de posibilidades, formalmente está obligado a considerar una «justa». *b*) La discrecionalidad administrativa, política y legislativa, se inspira en valoraciones de mérito; en cambio, la «libertad» judicial, sólo en un ideal de justicia.

5. *El juez no es un* dominus *de la sociedad. Equilibrio*

La misión del jurista revela una nostálgica belleza; la de preparar los caminos para el advenimiento del reino de los valores, sin que le sea permitido entrar en sus dominios, tal como Moisés, el legislador que guió a su pueblo hacia los límites de la tierra prometida, sin que le fuera dable penetrar en ella (Varas Espejo, 1962, p. 210).

Desde una perspectiva práctica, la comunidad no acepta un tribunal que decida los complejos problemas administrativos con valoraciones subjetivas sobre lo que estime más conveniente. El método jurídico es, fundamentalmente, garantía de objetividad, persuasión, explicación y justificación razonada: sólo así las sentencias podrán ser aceptadas y obedecidas.

La legitimidad de los jueces no sólo proviene de la idoneidad exigida para ocupar el cargo (mediante concursos públicos), sino esencialmente de la neutralidad del mismo derecho que tienen la obligación de aplicar; su independencia se pone en evidencia cuando los jueces dirimen el caso concreto con la objetividad e imparcialidad que prescribe el propio orden jurídico al cual le deben absoluta subordinación. Su cometido no es crear normas legislativas, ni ejercer el poder político o discrecional también creativo para satisfacer de la mejor forma los intereses sociales. Una duración limitada en su función podría afectar seriamente la división de poderes, la independencia, la imparcialidad, la neutralidad política, la competencia e idoneidad; porque el Poder Judicial no está capacitado para gobernar sino para dar efectividad al derecho.

No le es dable sustituir al responsable de la decisión política, sino que tiene dos objetivos prioritarios: controlar si la decisión administrativa ha respetado el principio constitucional de sumisión de la Administración a la ley y el derecho, y garantizar la tutela judicial efectiva de los derechos e intereses de los administrados (García de Enterría, 1998, p. 34).

Pero como dice Tocqueville (1951, p. 154),

> es a menudo tan peligroso quedarse, como excederse; [...] por ello los jueces no deben ser solamente buenos ciudadanos, hombres instruidos y probos, cualidades necesarias a todos los magistrados. Es necesario encontrar en ellos hombres de Estado; es necesario que sepan discernir el espíritu de su tiempo.

No obstante, el juez no es un *dominus* de la sociedad, y hay que desechar aquellas posturas que amplían en grado sumo su marco de acción en virtud de la libre apreciación, propiciadas por la Escuela realista norteamericana y algunos filósofos italianos de los últimos años (Chierchia,

1978, p. 10 y ss.), salvo, claro está, cuando el propio orden jurídico lo consienta expresamente.

Con razón, Schmitt (1958, p. 63 y ss.) afirma que «una expansión sin inhibiciones de la justicia no transforma al Estado en jurisdicción, sino a los tribunales en instancias políticas. No conduce a juridificar la política, sino a politizar la Justicia».

La problemática de todos los tiempos referida a los confines del derecho y la política plantea una cuestión irresuelta; si es posible reconducir las materias «discrecionales» al campo de lo jurídico, con parámetros objetivos.

Una respuesta positiva implica reflotar la consabida tesis del «gobierno de los jueces», que se caracteriza por la falta de legitimación democrática, e incapacidad para responder a las múltiples necesidades sociales (García de Enterría, 1985, pp. 168 y ss.).

La extralimitación de los jueces fue ya advertida por Roosevelt en los Estados Unidos en 1913, cuando la Corte Suprema de Justicia, aferrada a un liberalismo excesivo, denominado «darwinismo jurídico», se opuso a toda regulación legislativa de la economía, los salarios mínimos, las jornadas de labor, etc. Se caracterizó el período por la atribución unilateral por los jueces de funciones legislativas (Schwartz, 1979, p. 125). Por esto, en 1937, el Tribunal Supremo cambió de jurisprudencia y aceptó la validez constitucional del *New Deal*.

La Corte Suprema argentina ha señalado que cada poder, «dentro de los límites de su competencia, obra con independencia de los otros dos en cuanto a la oportunidad y extensión de las medidas que adopta y a los hechos y circunstancias que la determinan»[98], siendo obligación de los jueces «asegurar a cada poder el goce de la competencia constitucional que le concierne en el ámbito de su propia actividad»[99].

Afirmar que cada ámbito funcional tiene una «zona de reserva exclusiva» no implica negar al Poder Judicial el control de los actos de los otros poderes del Estado en una causa concreta (Gauna, 1979, p. 922; Vanossi, 1976, p. 341 y ss.). Como dice Mairal (1984, p. 109), no se trata de la supremacía de un poder sobre otro, sino de una normativa sobre otra: «el juez se limita a declarar la incompatibilidad de la norma o acto de rango inferior (la ley, reglamento o acto administrativo) con la de rango superior (la Constitución, ley o reglamento, según el caso)». En sentido

---

98. CSJN, *Fallos*, 243:513.
99. CSJN, *Fallos*, 256:556; 270:74; 277:25.

concordante, expresa Muller (1971, p. 3) que la «revisión judicial presupone sólo una jerarquía de normas, no una jerarquía de poderes».

El esquema formulado en los puntos precedentes y sucesivos sólo pretende demarcar en forma precisa los roles del administrador y del juez, sobre la base del equilibrio referido, buscando siempre la imprescindible armonía que debe presidir estas delicadas funciones del Estado, en la convicción de que ninguno es absolutamente *dominus* de la sociedad.

6. *Discrecionalidad. Ponderación. Proporcionalidad. Posible rol de la justicia constitucional*

Es indudable la importancia de los órganos con competencia constitucional para tutelar los derechos humanos y otros de menor rango significativos para la vida en sociedad. De ello da cuenta la *praxis* de las Cortes o Tribunales Superiores que efectúan el control de constitucionalidad y de convencionalidad, operando en el límite de la juridicidad y en las puertas de las atribuciones del poder político para apreciar las razones de mérito, oportunidad o conveniencia.

De allí, que ocasionalmente, se producen rispideces en cuanto a la real o aparente extralimitación de la justicia en el ámbito político. Por ello, resulta interesante ensayar algunas breves reflexiones en torno a cuál es el verdadero rol de un juez constitucional o contencioso administrativo haciendo un control intenso, tutelando las libertades y derechos de los ciudadanos, pero al mismo tiempo respetando las atribuciones que corresponden a los otros poderes del Estado.

a) Discrecionalidad del legislador y del administrador

En anteriores oportunidades he definido la discrecionalidad como una modalidad de ejercicio que el orden jurídico expresa o implícitamente confiere a quien desempeña la función administrativa o política para que, mediante una apreciación subjetiva del interés público comprometido, complete creativamente el ordenamiento en su concreción práctica, seleccionando una alternativa entre otras igualmente válidas para el derecho.

La apreciación subjetiva que incumbe a la Administración o a los poderes políticos realizar, ponderando el interés público, la libertad de elección y la sujeción al orden jurídico, constituyen los tres presupuestos esenciales que debe tener toda actividad discrecional, administrativa o política.

Al formar parte del orden jurídico, el control judicial debe revisar si efectivamente tal actividad ha sido correctamente ejercida dentro de ese universo jurídico. Esto no implica revisar su esencia (selección de una alternativa entre otras igualmente válidas) sino solo su contorno externo e inserción en el sistema ordinamental. Son controlables en el fondo de la cuestión los aspectos reglados como la competencia, el procedimiento, la forma, la motivación, el objeto, la finalidad, como los principios jurídicos de buena fe, confianza legítima, razonabilidad, proporcionalidad, seguridad jurídica, entre otros. Por ello en lugar de hablar de control judicial de discrecionalidad debemos más precisamente hablar de control judicial del ejercicio de la discrecionalidad dentro de la juridicidad.

Es indudable que esta actividad discrecional corresponde que sea ejercitada por la Administración o por el legislador en su caso. Su objetivo es satisfacer lo mejor posible el interés público en juego, ponderando las diversas alternativas posibles dentro del universo jurídico.

Dice Bindi (2016, p. 298 y ss.) que «...las características de los principios constitucionales como normas de contenido amplio o indeterminado a veces unidas a previsiones limitativas del derecho como buenas costumbres, seguridad, de contenido igualmente vago, requieren ante todo una intervención para su implementación por parte del legislador». Éste es quien esencialmente operativiza los derechos, determinando los llamados límites implícitos y su armonización con el resto.

Consecuentemente, si es este último poder del estado quien tiene que concretar a través de la legislación los preceptos constitucionales efectuando valoraciones políticas, es indudable el uso de la discrecionalidad dentro de los límites del marco constitucional aplicable.

El Tribunal Constitucional Español[100] ha manifestado que el legislador tiene «una amplia libertad de configuración normativa para traducir en regla de derecho las plurales opciones políticas que el cuerpo electoral libremente expresa a través del sistema de representación parlamentaria».

Al legislador le toca muchas veces la gran responsabilidad de equilibrar los diversos derechos. Cuando existe una colisión entre los del mismo nivel, uno de ellos puede ceder respecto del otro en la medida que en la función de armonización se den fundamentos razonables y proporcionados.

Empero, la limitación de un derecho por otro prevalente no puede menoscabar su «núcleo duro» intangible o la esencialidad de ese derecho.

La Unión Europea a través de su Máximo Tribunal de Justicia[101] reconoce en favor de los Estados un «margen de apreciación» para regular los derechos fundamentales. De allí que los tribunales constitucionales

---

100. Sent. 96/2002
101. Sent. 12 marzo 1987, causa 178/84, en Raccolta, p. 1227.

en casos opinables aplican la deferencia hacia lo resuelto por el legislador (Corvalan, 2016, p. 182 y ss.). Es lo que Alexy denomina el margen de acción que permite al legislador modular los derechos fundamentales, tratando de optimizar los principios y sin suprimir cierta porción de apreciación política para establecer los fines y la elección de los medios (2003, p. 38 y ss.).

Lo mismo sucede cuando se reconoce un margen de apreciación al introducir al derecho interno las normas que surgen de los pactos internacionales de derechos humanos en virtud del art. 75 inc. 22 de la Constitución Argentina.

No hay duda entonces que ese «margen de apreciación» comporta el ejercicio de una facultad discrecional que, dentro de ciertos límites, corresponde su valoración y decisión a los órganos legislativos y ejecutivos de los Estados.

En el control judicial de la *praxis* administrativa, el entonces Juez de Cámara Pedro Coviello expresó con gran acierto en el caso Mattera[102], que no cabe dudas que se seleccionó a quienes, dentro de un margen de apreciación se consideraron más idóneos, criterio este que, lógicamente no puede ser sustituido por el juez, toda vez que es el Consejo de la Magistratura el órgano competente a quien se encomienda constitucionalmente la misión de seleccionar a los postulantes de los distintos cargos. En definitiva, los juicios emitidos por el Consejo de la Magistratura, al implicar tal «margen de apreciación discrecional», pueden rotularse como tolerables o admisibles —es decir una aserción justificada (Sesin, 1994, p. 247) cuando a ellos se arriba en el marco del debate propio de un órgano colegiado y representativo, y dentro de las opciones posibles y válidas admitidas por el ordenamiento. Mas ello no quita que, dada la naturaleza republicana de dicho alto órgano, se den razones o motivos que justifiquen sus decisiones.

b) La ponderación como técnica para adoptar una decisión conflictiva

La ponderación en una acepción amplia comporta una actividad compleja que aprecia los diversos factores que en favor o en contra inciden en una problemática determinada poniendo en la balanza el peso de las razones enfrentadas.

Intrínsecamente, si la ponderación presupone la valoración de todos los intereses implicados, requiere a veces el uso razonable de la

102. CNCAF, Sala 1, «Mattera M c. Consejo De la Magistratura Nacional», 2003-11-20, ED, Serie especial de Der. Administrativo.

discrecionalidad estratégica para componer equilibradamente los factores en conflicto.

Esta es la herramienta que esencialmente utiliza el Legislador y muchas veces la Administración para resolver gran parte de las posiciones e intereses enfrentados que se debaten en dichos ámbitos de poder.

Es decir, que la ponderación es un procedimiento que precede a la emisión de la norma general o la decisión concreta. Ayuda a adoptar la voluntad administrativa o legislativa pertinente.

En su acepción restringida, la ponderación es una técnica que pretende resolver las colisiones de principios que generalmente realiza el legislador. Siguiendo las enseñanzas de Alexy (1993, p. 86) la clave es identificar los factores que inciden para que un principio prevalezca sobre otro, explicitando los argumentos que lo sustentan. El establecimiento de esta relación de preferencia implica la creación de una norma que resuelve el conflicto.

Debe tenerse presente, que la ponderación es una herramienta para resolver o decidir (Arroyo Jiménez, 2009, p. 16 y ss.). En definitiva, la ponderación es una técnica que debe ser *a priori* ejercida por quien toma la decisión legislativa o administrativa aplicando el derecho y por ende los ingredientes de juridicidad, pero también la discrecionalidad para alcanzar los fines postulados por la Constitución, sus principios y valores.

No obstante, excepcionalmente, este método puede ser utilizado por el juez constitucional, cuando necesariamente concluye que la norma es inconstitucional y debe componer la solución jurídica correcta buscando la armonización o la aplicación de un principio preferente a otro. En mi criterio, en tal supuesto, debe moverse con mucho cuidado no ingresando en el terreno puramente político valorado por el legislador en ejercicio de su potestad discrecional, salvo desproporcionalidad, arbitrariedad, irrazonabilidad, error manifiesto de apreciación u otro vicio de juridicidad.

Como bien dice Cassagne, aunque la discrecionalidad se apoye en elementos técnicos o de valoración política el núcleo de la discrecionalidad será siempre jurídico, en el sentido que no puede ser irrazonable o arbitrario (Cassagne, 2016, p 259).

Lo que no puede hacer el juez, es bajo el comodín del derecho, sustituir un juicio opinable por otro igualmente opinable que esté dentro de alguna de las opciones admisibles jurídicamente. Lo contrario, implicaría vulnerar la zona de reserva constitucional que le corresponde a los otros poderes del Estado.

El juez podrá controlar el ejercicio de la discrecionalidad política o administrativa, o el margen de apreciación, dentro de la juridicidad, pero sin sustituir o revalorar el núcleo político interno de la decisión. Si en cambio vulnera el principio de igualdad, razonabilidad, congruencia, proporcionalidad, necesidad, adecuación, buena fe, confianza legítima, seguridad, desviación de poder, entre otros, puede ser anulado por la Justicia.

El Tribunal Administrativo Federal Alemán ha señalado que el control judicial, en los casos de haberse concedido un poder discrecional, se limita a la determinación del cumplimiento de los parámetros legales. El control judicial termina allí donde comienza la facultad de valoración o elección concedida a la Administración[103].

Aun cuando prestigiosa doctrina (Rodríguez de Santiago, 2000, 117) pretende racionalizar o traducir a derecho el procedimiento de desarrollo de la ponderación y su resultado posterior, en mi criterio solo es posible cuando se han usado ingredientes de juridicidad. Si en cambio se han ejercido pequeños o grandes márgenes de discrecionalidad, ello no es viable por respeto al principio de división de poderes.

c) El principio de proporcionalidad como técnica de control de una decisión conflictiva

La noción conceptual de proporcionalidad y su concreta diferencia con la ponderación no surge con total nitidez en la doctrina (Barnes Vázquez, 1994, p. 485 y ss.). Empero, en general, se admite que uno de los estadios o etapas del juicio de ponderación comprende el de proporcionalidad, es decir, que la etapa final de la ponderación culmina con el estándar de proporcionalidad. Ello significa la adopción de los medios legítimos y razonables para alcanzar el fin propuesto. La proporcionalidad es producto del orden jurídico razón por la cual es un requisito o elemento que integra la juridicidad del obrar estatal. También es un valioso instrumento de control judicial.

Si la Administración o el Legislador adoptan una decisión administrativa o legislativa, realizando un juicio de ponderación, nada impide que finalmente efectúen, también, el análisis de la proporcionalidad a fin de sujetarse plenamente al orden jurídico y estar en mejores condiciones de superar el control judicial. Por ello, la proporcionalidad forma parte de los principios de juridicidad al que deben someterse tanto la actividad administrativa como legislativa.

Empero, cabe aclarar que en la actualidad para las Cortes Constitucionales el principio de proporcionalidad es considerado como un instrumento o método de control judicial de una decisión ya adoptada que

---

103. Cfr. Bverfge 72,195 (199), 81,12 (17) 100, 221 (225), Bverfge 88,40 (61) 103, 142 (156 f), 116,1 (18)

puede ser utilizada tanto en el derecho público como en el derecho privado; aun cuando su intensidad o característica sea diferente en uno u otro derecho.

Algunos consideran que el control de proporcionalidad recae solo sobre el accionar estatal con relación a la intervención en la esfera de la libertad o restricción a la actividad de los particulares (Rodríguez de Santiago, 2000, 110).

Empero, considero que nada impide extender esta técnica de control cualquiera fuere la materia que recaiga la actividad estatal, ya que este tipo de revisión forma parte de las estrategias de contralor de la juridicidad, tanto de los aspectos reglados como del ejercicio de la función política o discrecional dentro de los límites del derecho, omnicomprensivo de normas, principios, y valores.

El autor alemán Von Arnauld (2000, p. 276 y ss.) estima que el principio de proporcionalidad «más allá del ámbito de los derechos de libertad es en efecto posible, si bien debe limitarse a aquellos complejos normativos que resulten estructuralmente comparables a los derechos de libertad».

Por su parte, Barnes (1994, p. 500) considera que

la proporcionalidad constituye un principio constitucional en virtud del cual la intervención pública ha de ser susceptible de alcanzar la finalidad perseguida, necesaria o imprescindible al no haber otra medida menos restrictiva de la esfera de libertad de los ciudadanos (es decir, por ser el medio más suave o moderado de entre todos los posibles —ley del mínimo intervencionismo) y proporcional en sentido estricto, es decir, ponderada o equilibrada por derivarse de aquella más beneficios o ventajas para el interés general.

En la actualidad, la proporcionalidad presupone investigar tres aspectos íntimamente vinculados: a) la idoneidad de la medida en función del objetivo perseguido; b) la necesidad de la acción administrativa y c) la proporcionalidad con el fin[104].

Empero, expresa Moschetti, que el principio de proporcionalidad no solo implica un límite negativo (prohibición de exceso) sino también positivo (prohibición de defecto), buscando el equilibrio de los intereses pertinentes. Ello contribuye a mejorar la solución a adoptar donde e interés

---

104. A fin de ilustrar sobre estos temas, ver Garofoli (2019, p. 148); Santiago, «El control judicial de constitucionalidad de las políticas públicas» y Comadira, P. «El principio de proporcionalidad, los reglamentos de necesidad y urgencia y la pandemia» (22-23 de octubre 2020). VIII Congreso internacional de abogacía pública, Buenos Aires.

público debe armonizar con los derechos de las personas y otros derechos constitucionales (Moschetti, pp. 102 y ss.).

d) La proporcionalidad ante la jurisdicción de las Cortes Constitucionales

La Corte Constitucional Italiana ha receptado el control amplio de razonabilidad, analizando: a) la «adecuación» o no entre la norma constitucional y la de carácter ordinaria, b) la «idoneidad» al verificar si la legislación concuerda con la finalidad específica establecida por la Constitución, c) el juicio de «congruencia» donde se analiza la probable contradicción intrínseca susceptible de producirse entre la norma cuestionada con el resto del orden jurídico del ámbito de que se trate, d) el control de «proporcionalidad» evaluando el sacrificio o limitación de una situación o posición constitucionalmente resguardada frente a una regla o principio que pretende aplicarse (Pace, 1975, p. 570 y ss.).

No hay duda que tal como están conceptuados, el control judicial de estos aspectos es posible porque forman parte del amplio marco de la juridicidad, pues allí no parecen valorarse las razones de oportunidad, mérito o conveniencia.

Para el Tribunal Constitucional Alemán, el control judicial de la proporcionalidad se desarrolla en tres etapas. En primer lugar, mediante el test de «idoneidad» o adecuación de los medios seleccionados en función de la finalidad específica predeterminada por la norma. En segundo lugar, a través del test de «necesidad», a fin de que el medio seleccionado sea lo menos agresivo posible, y en tercer lugar el test de «proporcionalidad» entre el sacrificio impuesto y la ventaja pretendida.

Al respecto, no hay dudas que tales principios también encuadran en la juridicidad y pueden ser controlados judicialmente, salvo lo que concierne al principio de necesidad en cuanto el juez no puede anular una decisión más gravosa por existir una menos gravosa excepto que la primera carezca en forma indudable de fundamentos fácticos, técnicos, científicos, o políticos sustentables, o bien, en el supuesto excepcional que en forma ostensible exista otra alternativa mucho menos gravosa que logre idéntico objetivo, en las mismas circunstancias, preservando los mismos intereses públicos comprometidos, siempre que no importe entrometerse en razones de mérito, oportunidad o conveniencia. Tampoco puede el juez anular una decisión opinable pero al menos tolerable por otra de igual condición. Todo ello en la medida que no se vulnere el núcleo duro de los derechos ni los principios de juridicidad citados supra (igualdad, congruencia, buena fe, confianza legítima, seguridad jurídica, arbitrariedad, desviación de poder).

El tema más conflictivo referido a cuál es la potestad del juez para analizar si no hay otro medio menos restrictivo que el utilizado, ha sido pocas veces examinado por las Cortes Europeas, las que cuando lo han hecho, lo han vinculado en general con restricciones a la libertad.

El Tribunal de Justicia de la Unión Europea ha ratificado el control de constitucionalidad elaborado por la jurisprudencia del Tribunal Constitucional Alemán, para revisar la juridicidad de los actos comunitarios como la legitimidad de los actos dictados por la propia Unión Europea, especialmente la vinculada con la libertad de los derechos fundamentales.

Se analiza si el acto es «idóneo» y «necesario» para el fin propuesto, si entre las alternativas posibles se ha preferido la menos restrictiva y si no resulta tan «desproporcionado» o inviable que agravie la esencia misma o núcleo duro de los derechos protegidos[105].

No obstante, la intensidad del control que se realiza profundizando los aspectos referidos, la jurisprudencia en líneas generales es respetuosa de la zona de reserva constitucional que le pertenece a los otros poderes del Estado.

Así, por ejemplo, en el caso Monsanto[106] vinculado con el comercio producido a partir de organismos genéticamente modificados, se pronunció sobre si la norma de derecho comunitario es conforme al principio de proporcionalidad. Para ello, expresa, «se debe comprobar si los medios contemplados por ella son idóneos para alcanzar el objetivo deseado y no exceda lo necesario para lograr dicho propósito».

Manifestó que «tratándose de un sector donde el legislador comunitario está llamado a llevar a cabo evaluaciones complejas, el control jurisdiccional del ejercicio de su competencia debe limitarse a examinar que éste no haya sido afectado por un error manifiesto o desvío de poder o que el legislador no haya ido manifiestamente más allá de los límites de su poder discrecional".

En este sentido, aun cuando no lo diga, parece seguir la jurisprudencia del Consejo de Estado Francés, cuando para la evaluación de las cuestiones técnicamente complejas, vinculadas con intereses públicos en juego, respeta los porcentajes de discrecionalidad, salvo error manifiesto de apreciación.

En definitiva, este principio se ha convertido en la actualidad en un típico control de las Cortes Constitucionales o Cortes Supremas encargadas

---

105. Confrontar el Tesauro 6, Proporzionalita e ragionevalezza nella giurisprudenza comunitaria, Ponencia reunión de Cortes Constitucionales, Roma, 24 Oct. 2013, en: https://www.cortecostituzionale.it.
106. Tribunal de Justicia de la Unión, Sent. 14 de mayo de 2009.

de la tutela constitucional, extendido en el derecho continental europeo como en países del Common Law. Sin embargo, como se ha advertido, no implica un control total, sino que correctamente utilizado es susceptible de ser un valioso instrumento para fulminar la arbitrariedad o extralimitación estatal, garantizando los derechos fundamentales, pero al mismo tiempo respetando la discrecionalidad política o administrativa. Esta última trasunta en palabras de Schmidt-Assman (2003, p. 15) en una «competencia para la actuación administrativa a través de la ponderación».

Los lineamientos expuestos precedentemente pretenden que este valioso método de control judicial no termine aprisionando la autonomía política democrática, como le preocupa a Ferrajoli (2013, p. 122 y ss.), sino un adecuado equilibrio entre el intenso poder del juez y la correcta atribución de los titulares de la apreciación política.

Expresa con razón Lorenzetti (1997, p. 188 y ss.; 2006, p. 183 y ss. que «Los jueces no deben gobernar, pero deben controlar que los gobernantes no violen las garantías constitucionales… De tal modo, y salvo excepciones como los actos puramente institucionales, los actos de gobierno son revisables justamente cuando la discrecionalidad es ejercida de un modo lesivo de garantías constitucionales».

Le decimos no al gobierno de los jueces y si a su cometido de salvaguardar el imperio de la Constitución, los tratados, los principios y valores.

e) Inaplicabilidad de la fórmula del peso cuando interfiere con la discrecionalidad estatal

La idea de peso o importancia es introducida en el debate *iusfilosófico* por Dworkin (1989, p. 77 y ss.), cuando para distinguir entre normas y principios, explica que el conflicto entre las primeras concluye al indicarse cuál es la regla válida en el sistema y que, en cambio, al discernirse una controversia entre los últimos es necesario considerar su peso relativo. Si bien es cierto que la importancia de un principio no podrá ser medida de manera indiscutible, siempre que se procure justificar la elección de uno en desmedro de otro, tendrá sentido indagar sobre su entidad.

En definitiva, los principios tienen un peso o importancia que debe establecerse a fin de que sea posible presentar fundadamente a uno de ellos como pauta de resolución de un conflicto.

Esta idea primigenia de peso como parámetro para elegir entre principios, es tomada por Alexy para proponer una fórmula tendiente a lograr la corrección —rasgo esencial de toda argumentación práctica (Alexy 2007, p. 293 y ss.)— en aquellos decisorios jurídicos donde el conflicto no pueda resolverse mediante la susbsunción, sino que es necesaria la ponderación (Alexy, 2007, p. 257). Si bien desde la doctrina se admiten varios razonamientos jurídicos —clasificatorio o subsuntivo; finalista y la ponderación—[107], según la postura teórica del mentado autor alemán, el jurista subsume el caso en una norma válida o pondera la importancia relativa de los principios.

Tras retomar la distinción dworkiniana entre reglas y principios, Alexy (2007, p. 458 y 2008, p. 86 y ss.) enfatiza que los principios son mandatos de optimización, normas que ordenan que se realice algo en la mayor medida de lo posible. Como los principios no proveen soluciones perentorias, sino pautas que tienen que contrastarse con otras que derivan de otros principios o de otras reglas, su aplicación presupone que quien decida el caso deba ponderar (Atienza, 2007, p. 168).

Pero, ¿qué es ponderar? Para comprender acabadamente las notas que Alexy (2007, p. 459) considera *sine qua non* al momento de definir el concepto de ponderación, es insoslayable recordar lo que explica cuando señala que

El significado de la diferenciación entre las reglas y los principios resulta del hecho de que el carácter de los principios tiene una relación de implicación con el más importante principio del derecho constitucional material: el principio de proporcionalidad, y viceversa, el principio de proporcionalidad implica el carácter de los principios. El principio de proporcionalidad, con sus tres subprincipios de idoneidad, necesidad y proporcionalidad en sentido estricto, se sigue lógicamente de la definición de los principios, y esta definición se sigue de aquel.

Del párrafo transcripto se infiere que la proporcionalidad se conforma con dos subprincipios, la idoneidad y la necesidad, que se vinculan a cuestiones fácticas. La idoneidad se refiere a que la medida operativa posea un fin legítimo y sea objetivamente pertinente para lograr ese objetivo,

---

107. Según Atienza (2007, p. 164): «...en el razonamiento justificativo de los jueces, creo que se podrían distinguir tres formas o estructuras básicas: el razonamiento clasificatorio o subsuntivo; el razonamiento finalista, que se basa en la idea de adecuación, y la ponderación. Es de importancia fundamental darse cuenta de que cada una de esas formas de argumentación está ligada a un tipo de enunciado jurídico y, más exactamente, a un tipo de norma regulativa, pues las normas constitucionales y las definiciones (como se verá en el próximo capítulo) no funcionan como razones operativas (no son la premisa mayor o la garantía de un razonamiento con normas); se trata, respectivamente, de las reglas de acción, las reglas de fin y los principios».

mientras que la necesidad se vincula con los medios menos gravosos para lograr el objetivo (Alexy, 1993, p. 27).

El tercer subprincipio, la proporcionalidad en sentido estricto, es —propiamente— la ponderación. Así lo explica Alexy (2007, p. 460), al decir que

> ... el principio de proporcionalidad en sentido estricto se refiere a la optimización relativa a las posibilidades jurídicas. Este es el campo de la ponderación, el único que interesará en este texto.

> El núcleo de la ponderación consiste en una relación que se denomina «ley de la ponderación» y que se puede formular de siguiente manera:

> «Cuando mayor sea el grado de no satisfacción o restricción de uno de los principios, tanto mayor deberá ser el grado de la importancia de la satisfacción del otro»

> La ley de la ponderación permite reconocer que la ponderación puede dividirse en tres pasos. En el primer paso es preciso definir el grado de la no satisfacción o de afectación de uno de 1os principios. Luego, en un segundo paso, se define la importancia de la satisfacción del principio que juega en sentido contrario. Finalmente, en un tercer paso, debe definirse si la importancia de la satisfacción del principio contrario justifica la restricción o la no satisfacción del otro.

Ahora bien, explicitada la ley de la ponderación, es necesario proponer una manera racional de aplicar la proporcionalidad en sentido estricto y justificar porqué se prefiere un principio a otro. Para ello, Alexy propone un procedimiento aritmético que se concreta en la llamada fórmula del peso.

Esta fórmula determina cuál es el principio que prevalece y se impone como pauta de resolución cuando existe una controversia o colisión. A tal fin se propone una operación matemática que mide en el caso traído a resolución, el grado de afectación de un principio y la importancia de satisfacción del contrario. Además, calcula el valor abstracto de ambos, porque si bien lo que se procura resolver es una controversia determinada, puede existir —aunque generalmente no sucede— una jerarquía entre principios, previa a un planteo concreto. Finalmente, se calcula la probabilidad fáctica de la medida que se procura tomar, la cual importa la intervención de un derecho en beneficio de otro. Tal medición se efectúa con la ayuda de la «escala triádica» formada por los grados grave, medio y leve.

La fórmula de peso establece el cociente entre el producto que resulta de multiplicar el grado de afectación de un principio, su valor abstracto y la probabilidad fáctica de la intervención —afectación— y el producto que resulta de multiplicar la importancia de la satisfacción del principio

contrario, su valor abstracto y la probabilidad fáctica de la intervención
—satisfacción—[108].
Establecido el peso de los principios en colisión, es posible indicar
cuál es el que prevalece, cuál es el que se observa como la regla del caso.
En definitiva, concluye Alexy (1993, p. 92) explicando que la ponderación

> no es solucionada declarando que uno de ambos principios no es válido y
> eliminándolo del sistema jurídico. Tampoco se soluciona introduciendo una
> excepción en uno de los principios de forma tal que en todos los casos futuros
> este principio tenga que ser considerado como una regla satisfecha o no. La
> solución de la colisión consiste más bien en que, teniendo en cuenta las cir-
> cunstancias del caso, se establece una relación de precedencia condicionada.
> La determinación de la precedencia condicionada, consiste en que tomando
> en cuenta el caso, se indican las condiciones bajo las cuales un principio pre-
> cede a otro.

Este eximio filósofo pretende demostrar que la fórmula del peso indica a los principios como mandatos de optimización cuando no hay reglas aplicables o tengan interpretaciones divergentes. Pesar los principios
y medir el grado de su aplicación en un caso concreto es su metodología.
Ello tiende a evitar que se resuelva la *litis* con parámetros subjetivos.

Esta genuina pretensión suscita una primera perplejidad teórica: la
complejidad que se presenta al tiempo de fijar un valor a las variables in-
volucradas en la definición de la controversia a resolver. Esta tarea impone
la necesidad de argumentar no solo para justificar la relevancia que se
otorga a la prueba de los hechos, sino —esencialmente— cuando se señala la medida en virtud de la cual es dable cuantificar qué principio tiene
más peso. Como enseña Atienza «...lo importante no sería, en todo caso,
el cálculo en sí, sino la asignación de los valores numéricos...» (Atienza,
2007, p. 174)[109].

---

108.   Cfr. Alexy, R. (2007, p. 489), la fórmula del peso

$$GPIijC = \frac{IPiC.GPiA.\ SPiC}{WPjC.GPjA.\ SPjC}$$

GPIijC es el resultado (cociente); IPiC representa el grado de intervención en el principio
cuya ponderación se examina en el caso concreto; GPiA representa al peso abstracto de
este principio; SPiC representa a la probabilidad fáctica de la intervención; WPjC representa la importancia del principio contrario; GPjA representa al peso abstracto de este
principio y SPjC representa a la probabilidad fáctica de la intervención.
109.   En este orden de ideas, resulta relevante recordar que el propio Alexy (2007, p. 480
y ss.), propone seguir tanto la serie aritmética como la serie geométrica.

Pero además, no puede soslayarse que la ponderación admite no solo una valoración entre principios, sino también una elección entre objetivos, respecto de los cuales, también es posible establecer una prevalencia recurriendo a la fórmula del peso. Esta arista —generalmente inexplorada— es examinada por Atienza (2007, p. 174) cuando explica que un segundo tipo de ponderación

> No arranca de constatar que frente a un caso particular existen principios que pugnan en direcciones opuestas, sino que el punto de partida es la necesidad de concretar un objetivo teniendo en cuenta, por supuesto, que eso no puede hacerse prescindiendo de cómo puede afectar al resto de los objetivos valiosos establecidos por el sistema o vulnerando los límites fijados por los principios en sentido estricto. Además, mientras que del primer tipo de ponderación lo que resultaba era una (nueva) regla de acción, que luego se aplicaba al caso, de esta segunda resultarán tanto reglas de acción como reglas de fin o la obligación o autorización para emprender determinadas acciones. Y, en fin, mientras que la primera ponderación es típica de los jueces (sobre todo, de los jueces constitucionales; pero también los legisladores —como se ha visto— efectúan ponderaciones al fijar reglas de acción a partir de principios y valores), la segunda cae en principio fuera de la competencia de los jueces; es decir, se trata de una operación que supone niveles muy elevados de discrecionalidad y que, por ello, los sistemas jurídicos confían, casi en exclusividad, a los legisladores y a los órganos gubernamentales y administrativos; lo que los jueces hacen al respecto es controlar que la ponderación se ha efectuado de manera correcta (lo que no implica propiamente ponderar; sino comprobar que no se han sobrepasado los límites señalados por las reglas y los principios en sentido estricto).

En mi criterio, la fórmula del peso propiciada por Alexy, puede ser aplicable a la realidad judicial cuando quien debe operativizar derechos o principios en pugna es directamente el Juez sin que haya existido previamente una decisión administrativa o legislativa (por ej. cuando el Juez penal tiene que optar entre 5 u 8 años de prisión). Constituye una herramienta útil y facilita al Juzgador llegar a una solución justa.

Empero, distinto es lo que ocurre en el derecho público y su repercusión judicial, pues la intensidad del peso que el juez atribuya a cada principio, puede interferir con el ejercicio legítimo de las facultades discrecionales de la Administración o del Legislador que han ponderado sobre objetivos —como explica Atienza en el párrafo transcripto— buscando lo mejor para el interés público.

Si se modulan las afirmaciones de Alexy a tenor de las consideraciones aportadas por Atienza, se puede propiciar un nuevo paradigma de la ponderación que aparece con suficiente consistencia para explicar la discrecionalidad administrativa y los límites de su contralor judicial. En efecto, la Administración debe concretar un objetivo y las normas le han conferido un margen de libertad para lograrlo mediante la elección entre varias alternativas igualmente válidas. En este supuesto, el control judicial mediante la invocación de principios y la consecuente aplicación de la fórmula del peso, no permite desplazar una forma de decisión por otra. Sólo es posible juzgar si la adopción de una alternativa es arbitraria, irrazonable o antijurídica. Por ello, la posible ponderación judicial no puede señalar una única solución, sino que «...sirve para justificar que no se ha traspasado un límite...» (Atienza, 2007, p. 176).

Téngase presente que en los conflictos de derecho público el orden jurídico le confirió primero a la Administración (Tribunal de Concurso que debe ponderar una entrevista personal) o al Legislador (regular el acceso a una vivienda digna priorizando a los más necesitados), para que, frente a la indeterminación del orden jurídico, operativice en la praxis la solución concreta.

Cuando la Administración escoge una alternativa entre varias igualmente válidas, actúa en el marco de las reglas de fin, es decir de aquellas directrices que en vistas al logro de los propósitos cuya efectivización se procura, permite un margen decisorio. En este sentido, Atienza (2002, p. 159) señala que la discrecionalidad

> es el resultado de regular de una cierta forma la conducta: no mediante normas de acción (normas condicionales), sino por medio de normas de fin, que otorgan la posibilidad de optar entre diversos medios para alcanzar un determinado fin y también (hasta cierto punto) de contribuir a la concreción de ese fin.

Consecuentemente, el Legislador o la Administración, aplicarán las pautas regladas por el orden jurídico. Pero frente a dos cuestiones opinables en lo que jurídicamente es tan posible una alternativa o la otra, tienen facultad discrecional para elegir lo mejor para el interés público. En este último supuesto, si ase admite que el juez aplique la fórmula de peso estableciendo una única solución posible, se corre el riesgo de sustituir la discrecionalidad de la Administración que, ejerciendo potestades legalmente atribuidas, ha elegido entre las acciones que concurren al fin público pretendido. Esta elección —siempre que no resulte arbitraria, irrazonable o atentatoria de la debida juridicidad— queda exenta del control judicial.

Cuando *a posteriori* el Juez controla su juridicidad, fiscaliza si la discrecionalidad ha sido correctamente ejercida, pero claro está, sin poder sustituir una opción posible por otra igualmente viable, pues ello implicaría gobernar, un exceso de jurisdicción e invasión de poderes.

Si el Juez pretende aplicar la fórmula del peso en esta situación, al ponderar y asignarle un valor a los principios en pugna, con el afán de llegar a una solución justa, corre el riesgo de introducirse en cuestiones de mérito, oportunidad o conveniencia que ya valoró la Administración o el Legislador en su caso. Con ello, estaría cercenando la zona de reserva constitucional que corresponde a los otros poderes del Estado.

Cuando Alexy califica como leve, moderada o seria la interferencia o afectación de algún principio en un caso concreto, por más buenas razones que asigne para ubicarlo en una situación u otra, con un peso determinado, no esgrime ninguna fórmula exacta o matemática para justificar por qué uno tiene más peso que otro. Si estamos frente a un conflicto de derecho público esa ponderación puede estar interfiriendo con valoraciones discrecionales administrativas o políticas.

Frente al obrar discrecional, el Poder Judicial puede controlar hasta un determinado límite, el que impida que se incurra en arbitrariedad, irrazonabilidad u otro tipo de vicio de juridicidad. En efecto, la resolución administrativa debe exhibirse justificada, porque como expresa Atienza (2002, p. 160)

> las decisiones públicas tienen que estar motivadas, razonadas, para que de esta forma puedan controlarse. Dado que el criterio de legitimidad (del poder) no es aquí de carácter carismático, ni tradicional, ni sólo formal-procedimental, sino que, en una amplia medida, exige recurrir a consideraciones materiales, substantivas, se comprende que el Estado constitucional ofrezca más espacios para la argumentación que ninguna otra organización jurídico-política.

De lo expuesto se deduce que, si bien el juez no puede entrar en la esencia de la discrecionalidad, revisar el mérito de la elección ni sustituir con su personal criterio la decisión de la Administración, la Administración siempre debe dar razones, motivar lo resuelto, argumentar procurando sustentar su obrar.

En definitiva, en la praxis para analizar cuál es el rol del Poder Judicial tenemos que diferenciar: a) cuando el orden jurídico le asigna directamente al Juez la tarea de dirimir el conflicto sin que en ese procedimiento decisional haya intervenido en forma previa otro poder del estado (por ejemplo, cuando el juez de familia debe decidir sobre el régimen de visitas de un padre a su hijo. En este supuesto, el orden jurídico le pide al Juez que dirima el conflicto con ingredientes de juridicidad, principios y valores) y b) cuando primero le pide a la Administración o al Legislador que arbitre una solución frente a principios o razones en pugna (por ejemplo, cuándo y cómo dar subsidios).

En el primer caso, no hay inconveniente en aplicar la fórmula del peso de Alexy, no así en el segundo. Hay que analizar en esta última hipótesis la respuesta que brindó el Administrador o el Legislador haciendo un control intenso de juridicidad, sin sustituir los pequeños márgenes de discrecionalidad, en la medida en que la opción elegida concuerde con el orden jurídico. No le incumbe al Juez cambiar una solución correcta por otra igualmente correcta, con un diverso criterio de valoración subjetiva al ponderar el peso de un principio o razón por encima de otro.

Desde el campo de la filosofía a menudo se duda sobre la existencia de un solo método de interpretación y que ese método elegido conduzca a una y sólo una interpretación lógica (Cueto Rúa, 2000, p. 309).

El control de la actividad estatal presupone dos etapas, primero el análisis de la operatividad primigenia del concepto por el Legislador o la Administración conforme lo dispuesto por el orden jurídico. Aquí se deberá aplicar lo reglado en principio, pero cuando exista un margen de apreciación o una opción que realizar y para el derecho es igual una decisión que otra, ello se debe dirimir con el ejercicio de la facultad discrecional.

En la segunda etapa recién llega el Juez, quien, realizando un control de juridicidad, solo puede verificar si la opción elegida por la Administración condice con el orden jurídico. Empero, no puede cambiar una opción por otra que le parezca mejor porque ello invade la división de poderes.

A esta altura quiero advertir algo muy importante. Estamos cometiendo un grave error en pretender utilizar teorías o herramientas que sirven para las controversias que ameriten su aplicación en otras ramas del derecho (civil, penal, comercial, laboral). Ellas no resultan de aplicación en los litigios que emergen del derecho público cuando es la Administración o el Legislador quien primigeniamente debe operativizar el concepto indeterminado, ambiguo o en disputa con otros principios o derechos.

El derecho público dispone de sus propias herramientas que armonizan plenamente con la división de poderes (lo reglado y lo discrecional).

Si pretendemos seguir usando teorías que devienen incompatibles con el rol del Juez constitucional o contencioso administrativo en temas de derecho público, que primero deben ser operativizados por la Administración o el Legislador, se corre el riesgo de estimularlos para que realicen un control total convirtiéndose en gobernantes de facto o invadiendo la división de poderes. Otras veces para evitar caer en dicho error, pueden pasarse al borde opuesto, reduciendo el control y utilizando viejos esquemas que restringen la revisión en desmedro del derecho de los ciudadanos (discrecionalidad técnica, cuestión política no justiciable, falta de legitimación popular, etc.).

Es necesario lograr un armonioso mecanismo de la división de poderes. La opinabilidad o margen de apreciación, en el ámbito legislativo o administrativo, da lugar a ponderaciones de los más diversos intereses públicos específicos. Quienes mejor que los natos representantes del pueblo, entonces, para completar este marco de libertad con el ropaje ineludible de la juridicidad.

Admitir la unicidad de solución justa en la *praxis* del poder político, forzando las reglas procesales e interpretativas para ello, o aceptando teorías que lo postulen, procurando eliminar lo discrecional, es tan disparatado como aceptar el control total.

Si esto ocurriera, implicaría sustituir el criterio opinable del Legislador o del Administrador por el no menos opinable del Juez, con el agravante que tal soberbia judicial podría vulnerar el precepto ordinamental que dispuso que tal margen de libertad lo completara el poder político.

Dice Rodríguez Arana (2011) que el Poder Judicial no puede sustituir la voluntad de la Administración para decirle cómo ha de ejecutar ese interés público porque no debe administrar ni gobernar. Pero sí puede afirmar jurídicamente que se ha producido una desviación de poder. Ello concuerda con lo dispuesto por el artículo 71.2 de la Ley Jurisdiccional Contencioso Administrativa de 1998 (España) cuando expresa que los órganos jurisdiccionales no pueden determinar el contenido discrecional de los actos administrativos anulados por la sencilla razón de que ello constituye el ámbito propio del poder administrador.

En conclusión:

i) Existe primero quien ejerce la función legislativa o administrativa, cuyo deber es hacer concreto el concepto indeterminado previsto por la norma;

ii) Al Juzgador, entonces, solo le incumbe controlar si la aplicación de concepto encuadra en la juridicidad. Cabe subrayar que el legislador o la Administración ya realizaron la subsunción, que en las otras esferas del derecho le hubiera correspondido directamente al Juez.

Como lo he sustentado en otras oportunidades, estoy en desacuerdo con quienes directa o implícitamente, en clave de derecho, pretenden un control total sustituyendo la discrecionalidad estratégica, del legislador o del administrador, por la decisión judicial.

Debemos buscar el justo equilibrio. El exceso de control corre el riesgo de paralizar la actividad administrativa y sustituir las decisiones del gobierno democrático. El escaso control también es pernicioso para el estado constitucional y social de derecho y la garantías de los ciudadanos. De allí la necesidad de repensar permanentemente los límites entre los diversos poderes del estado en el marco de nuestra dinámica realidad constitucional y convencional.

f) División de poderes. Zona de reserva. Principios jurisprudenciales

La jurisprudencia nacional tiene ponderados fallos que desde hace muchos años respeta la división de poderes y la zona de reserva de la Administración (Coviello, 1996, p. 12 y ss.).

En el caso «Bonevo»[110] la Corte nacional sustenta un principio reiteradamente mencionado en fallos posteriores:

> la misión más delicada de la Justicia de la Nación es la de saberse mantener dentro de la órbita de su jurisdicción, sin menoscabar las funciones que incumben a los otros poderes o jurisdicciones, toda vez que es el judicial el llamado por la ley para sostener la observancia de la Constitución Nacional, y de ahí que un avance de este poder menoscabando las facultades de los demás revestiría la mayor gravedad para la armonía constitucional y el orden público.

Con relación a la potestad del Ejecutivo de reglamentar la estabilidad del empleado público y el ejercicio de las facultades disciplinarias, la Corte nacional ha defendido la zona de reserva de la Administración en el marco constitucional. Ha señalado en la causa «Dri»[111] que

> si bien el art. 14 nuevo, CN consagra la estabilidad del empleado público, la Administración conserva un mínimo de facultades independientes, en salvaguarda de las prerrogativas que el art. 86, inc. 1° y 10, de la misma Constitución acuerda al presidente de la Nación... El decreto-ley 6666/1957 al reglamentar el derecho constitucional a la estabilidad del empleado público, no vulnera las atribuciones que acuerda al presidente de la Nación el art. 86, inc. 1° y 10, de la Constitución Nacional.

En la misma orientación se inclina la causa «Barraco Aguirre»[112] con relación a la potestad de la Administración y de las universidades de trasladar al personal y ordenar su ámbito interno, cuando se señala que

> Si bien el art. 14 bis de la Constitución Nacional consagra la estabilidad del empleado público, la Administración conserva un mínimo de facultades independientes, en salvaguarda de las prerrogativas que el art. 86, inc. 1° y 10, de

---

110. CSJN, 21/12/1929, «Bonevo», Fallos, 155:248.
111. CSJN, 21/3/1966, Fallos, 264:94.
112. CSJN, 11/12/1980, *Fallos*, 302:1503.

la misma Constitución acuerda al presidente de la Nación, las que comprenden no sólo la facultad de nombrar y remover a los empleados públicos sino también la de otorgarles ascensos y ubicarlos en el escalafón, en tanto esto no implique sanción disciplinaria o descalificación del agente... También puede recordarse que como regla para el ejercicio de las facultades atinentes a la política administrativa y a la ponderación de las aptitudes personales de los agentes ha de reconocerse a la Administración Pública una razonable amplitud de criterio en la apreciación de los distintos factores y reglamentaciones en juego, en aras de lograr el buen servicio... Por último, cabe tener en cuenta asimismo que las resoluciones que dictan las universidades en el orden interno, disciplinario y docente que les es propio, no son, en principio, susceptibles de revisión judicial, salvo que las decisiones tomadas no hayan respetado los derechos y garantías constitucionales de los interesados.

La jurisprudencia avanza un paso más en el caso «Marra de Melincoff»[113] en el sentido de

...que es sin duda indispensable que el órgano administrativo cuente con una facultad de libre apreciación de las faltas; corresponde sin embargo admitir que procede la intervención de la justicia cuando se ciñe a investigar si en la imposición de las medidas que se adopten, se hizo uso legítimo o abusivo de las normas con arreglo a las cuales deben ejercerse las atribuciones otorgadas. En tal sentido el control de legalidad supone la debida aplicación por el órgano administrativo de las normas estatutarias, de manera que tanto la descripción como la clasificación de los hechos sea correcta. Y es de buena doctrina que el control de legalidad se cumpla ponderando, entre otras cosas, el prudente y razonable ejercicio de las facultades regladas del Poder Administrador, porque no es admisible una actuación discrecional e irrevisable de aquellas potestades.

Si la actora fue dejada cesante en atención a faltas injustificadas, obvio es, entonces, que sólo pudieron tomarse en cuenta las ausencias anteriores a la fecha de la resolución administrativa y no las posteriores..., pues de otro modo o se computaban inasistencias cuando ya la empleada había sido dejada cesante y sin obligación de concurrir al trabajo, o la cesantía habría sido decretada por causales inexistentes.

El control es más limitado cuando se trata de los ascensos de los militares y fuerzas de seguridad. Es jurisprudencia constante de la Corte nacional la reflejada en el caso «Gabetta»[114] cuando dice que

la decisión a tomar por el Poder Ejecutivo nacional respecto del orden de méritos para determinar los ascensos al grado de general, no se encuentra condicionada a la propuesta sugerida por la Junta de Calificaciones del Ejército,

---

113. CSJN, 10/7/1984, LL, 1984-D-429.
114. CSJN, 14/2/1989, con interesante nota de Bianchi (1989, p. 481).

pudiendo inclusive, variarla y apartarse discrecionalmente de la misma... Adentrarse en el análisis del acierto y corrección del proceder administrativo en su actividad discrecional es insusceptible por principio de justificar el contralor judicial, máxime tratándose de un reclamo castrense, pues el estado militar presupone el sometimiento a las normas de fondo y forma que estructuran la institución castrense, ubicándola en una situación especial dentro de la Administración Pública, tanto por su composición como por las normas que la gobiernan, ello implica la sujeción al régimen de ascensos y retiros por el cual se confiere a los órganos específicos la capacidad para apreciar la concreta aptitud para ascender, conservar el grado o pasar a situación de retiro. Tal apreciación comporta el ejercicio de una actividad discrecional ajena a la revisión judicial, pues no son los jueces los que puedan evaluar las aptitudes adecuadas para una determinada situación de revista dentro de la institución, ni los encargados de sustituir el criterio de sus órganos propios integrados por sus más altas jerarquías y establecidos con ese fin único y específico.

En el fundado dictamen de la procuradora de la Corte Suprema Dra. María Reiriz se subraya que «en consecuencia nos encontramos en la especie, en el marco de ese ejercicio discrecional que no resulta por principio justiciable, salvo que mediaren razones de grave o grosera irrazonabilidad, que ni se han dado, ni tampoco se han invocado».

Como expresa Bianchi (1989, p. 481), en el comentario del fallo aludido, la materia descripta

Es lo que los órganos jurisdiccionales no pueden revisar, es aquello que está más allá de la determinación legal o mejor aún no precisado por la misma. En otras palabras, el control de constitucionalidad consiste en verificar que un determinado comportamiento jurídico o de hecho está de acuerdo con el ordenamiento jurídico, ahora bien, cuando a este último le resulta indiferente uno u otro accionar estamos en presencia de una competencia discrecional y la justicia entonces se encuentra inhibida de actuar no por una prohibición legal, sino por una imposibilidad fáctica de hacerlo.

Más adelante agrega que «...el velo del Poder Ejecutivo sólo puede ser descorrido por la justicia cuando su decisión traspone el umbral de sensibilidad de los criterios de razonabilidad».

Precisamente, una clara situación de arbitrariedad sucedió en el caso «Legón» [115] comentado en forma impecable por Comadira (1992, p. 521 y ss.) con motivo de un concurso docente. Entre otros aspectos, la justicia sustenta el principio general de que los procedimientos de selección de

---

115.   CSJN, 8/10/1991, «Legón, Fernando v. Universidad de Buenos Aires», con nota de Comadira (1992 y 2003, p. 521 y ss.).

los docentes universitarios no admiten revisión judicial salvo manifiesta
arbitrariedad. El fallo de Cámara expresa que

> Si todos los miembros del jurado coincidieron que el actor poseía suficien-
> tes méritos académicos para aspirar a ocupar uno de los seis cargos sujetos a
> concurso y los concursantes que se encontraban en esa misma situación no
> excedían el número de cargos concursados, no cabe sino concluir que en tales
> circunstancias el ejercicio por parte del decano, de las facultades otorgadas...,
> procediendo a la elaboración de otro orden de méritos con fundamentos pro-
> pios, revalorizando lo ya valorizado por el jurado y desconociendo la coinci-
> dencia de los miembros del jurado, se muestra como irrazonable.

Como dice Comadira, en el comentario del fallo referido «Al actuar de
ese modo el decano se apartó del texto expreso del Reglamento mencionado, en tanto éste sólo lo facultaba para aprobar el dictamen unánime,
si lo había, o, en su caso, alguno de los varios emitidos, elevando una
propuesta alternativa de orden de mérito, si la hubiera». Más adelante
agrega que «...ellas eran las únicas soluciones justas posibles. Optó, en
cambio, por un curso de acción desprovisto de fundamento normativo
expreso o razonablemente implícito. Y, al hacerlo, cometió una manifiesta
arbitrariedad».

> Resulta ponderable lo sustentado por la Corte nacional en el caso
> «Timmerman»[116] cuando reivindica el control de razonabilidad sobre el arresto
> dispuesto por el Poder Ejecutivo nacional con motivo del estado de sitio, al
> decir que

> Algunos de estos principios son los siguientes: A) la excepcionalidad del
> control... Este carácter deriva fundamentalmente de las normas constitucionales
> que atribuyen facultades privativas a cada uno de los poderes del Estado, en
> virtud del principio de separación de los poderes..., habida cuenta además
> que el estado de sitio tiene una órbita propia y una función útil... ya que se
> trata de un recurso extremo para preservar y no para suprimir el imperio de
> la Constitución...; B) la excepcionalidad mencionada no obsta a que el Poder
> Ejecutivo esté obligado, frente al requerimiento de los jueces competentes, a
> proporcionar una información suficiente sobre cada caso concreto, a fin de
> que éstos puedan respetar sin controversia la esfera de reserva del órgano
> específicamente político...; C) el examen de la razonabilidad puede abarcar un
> doble aspecto: a) la relación entre la garantía afectada y el estado de conmoción
> interior, y b) la verificación de si el acto de autoridad guarda adecuada
> proporción con los fines perseguidos mediante la declaración de estado de
> sitio...; D) en todos los casos debe fallarse según la situación fáctica y jurídica
> existente al momento de la sentencia.

116. CSJN, 20/7/1978, *Fallos*, 300:816.

Por ello, siendo inexistente la única motivación concreta que susten-taba el arresto y no pareciendo razonable reconocer que subsista adecua-ción de causa entre el estado de sitio y la detención, se revoca la sentencia y se dispone la libertad del ciudadano.

En la causa «Granada»[117] se ratifica, entre otros importantes concep-tos, la intención del legislador del estado de sitio, en el sentido de que el Poder Judicial no puede analizar la oportunidad apreciada por los otros poderes ni la valoración que hagan de los hechos para declarar el estado de sitio. Los jueces sólo pueden examinar la legitimidad del marco en el que se declara esta medida excepcional, la competencia del órgano, los requisitos formales y la validez de la decisión, además de su razonabilidad en el caso concreto.

En la causa «Gallardo»[118] se hace un impecable desarrollo de la no-ción conceptual de la oportunidad, mérito y conveniencia, y por consi-guiente, de los límites del control judicial, con motivo de una ordenanza municipal que exige la construcción a su costa de galerías de ventas a quienes explotan puestos callejeros que ni siquiera tienen un permiso precario. Eneste orden de ideas, se expresa que

> Descartada la arbitrariedad o ilegitimidad del acto estatal, sólo queda aquello que hace a la oportunidad, mérito o conveniencia de la medida, cuya revisión no es posible por parte del Poder Judicial sin una paralela o irremediable afec-tación al principio de división de poderes del Estado, sobre el que se funda la organización institucional de la Nación, toda vez que ello importaría tanto como acceder a una indebida intromisión en esferas reservadas al poder admi-nistrador... Por lo demás, todo lo que hace a la evaluación de la oportunidad, mérito o conveniencia de una medida de tal carácter, es ajeno al poder juris-diccional y fue confiado a los poderes políticos del Estado, por ser ellos los que poseen mayor profesionalidad y experiencia en el manejo y realización de los intereses públicos.

Un interesante fallo que resguarda la zona de reserva de la Adminis-tración es el caso «Pazos»[119], donde se sostiene que

> El derecho de los docentes estatales a una remuneración justa (art. 14 bis, CN, y art. 6°, inc. b], Estatuto del Docente) no significa el derecho a un escalafón pétreo o a la exigencia de una proporcionalidad fija entre los diversos cargos, que obligue a la Administración a mantener una determinada relación entre la remuneración del maestro y la del profesor de enseñanza media... Dado

---

117. CSJN, 31/12/1985, *Fallos*, 307:2284.
118. Cám. Nac. Civ., sala A, 1/7/1991, ED, 13/9/1991, p. 5.
119. CSJN, 20/4/1995, LL, 1995-D-227 y ss.

que ante la ausencia de norma de rango legal relativa a la proporcionalidad entre las remuneraciones de los maestros y las de los profesores de enseñanza media, la autoridad administrativa puede dictar normas de la materia; la pretendida discordancia que pueda existir entre la ley y el decreto no impone de por sí la descalificación de este último por violatorio del art. 31 de la Ley Fundamental, pues resulta indiscutible la competencia del Poder Ejecutivo nacional para disponer la modificación de los índices preexistentes. Ello es así ya que tales criterios ingresan dentro de una materia en la cual, excepción hecha de las hipótesis de arbitrariedad o irrazonabilidad manifiesta, procede respetar las opciones valorativas y el margen de discrecionalidad indispensable de las autoridades administrativas, cuando actúan válidamente en la esfera de sus potestades constitucionales».

Expresa Caringella (2001, pp. 682 y ss.) que la valoración discrecional que la Administración debe realizar para determinar lo que es más oportuno o conveniente para el interés público está reservada, por definición, a la propia Administración; constituye la esencia de la actividad administrativa funcional, reservada a la Administración en homenaje al principio de separación de poderes. El principio constitucional de la zona de reserva de la Administración está fundado, desde una perspectiva práctica, en la ausencia de parámetros a través de los cuales el juez pueda controlar con éxito una actividad administrativa que comporta en su seno múltiples variables de valoraciones subjetivas.

En el derecho italiano, aun aquellas posturas más innovativas en torno al control de la discrecionalidad relacionada con la técnica admiten la existencia de una zona de reserva constitucional inmune al control judicial por respeto a la división de poderes[120].

El Poder Judicial como intérprete final del orden jurídico debe custodiar más intensamente el equilibrio de pesos y contrapesos que conciernen a la división de poderes, sin excesos de control que comporten un abuso de la jurisdicción, pero tampoco una débil, temerosa o reducida fiscalización de los actos estatales, porque no sólo se desmorona la tutela de los derechos y garantías de los ciudadanos sino la esencia del Estado de Derecho.

De tal manera, a través de la calificada doctrina y jurisprudencia comentada, se ratifican las reflexiones efectuadas en los puntos precedentes respecto de cuál es, en esencia, la zona de reserva del juez y la del administrador.

---

120.   Consejo de Estado italiano, Sección IV, sent. 601 de 1999; Corte Constitucional italiana, sent. 121, 2/4/1999, en «Foro Italiano», 1999, I, c.1369; Cintioli (2001, p. 929).

g) Imposibilidad del juez de sustituir a la Administración

Parejo Alfonso (1993, p. 124 y ss.) afirma que la competencia del juez se agota «en el control jurídico de la actividad administrativa, sin poder cubrir, por tanto, operación alguna de sustitución de actuaciones del poder público administrativo carentes de previa programación suficiente al efecto por el ordenamiento jurídico ».

Ha menester recordar que, sobre la base de la división de poderes, cuando el juez controla el ejercicio de la discrecionalidad no reproduce en forma exacta el proceso lógico desarrollado por la Administración. El control judicial recae sobre una decisión administrativa ya dictada. Consecuentemente, si existió un margen discrecional de libre apreciación a cargo de la Administración («núcleo interno» de lo discrecional), no incumbe al juez revalorar y ponderar una elección ya realizada por la Administración, pues ello implicaría «administrar», «sustituir» al órgano administrativo competente y «vulnerar» la división de poderes.

El control judicial implica fiscalizar una ponderación y una elección ya realizada, por lo que debe respetar el poder exclusivo de valoración otorgado a la Administración, y sólo controlar cuando se sobrepasen los límites del mismo. Aun cuando existan varias soluciones aceptables o razonables, no corresponde al juez sustituir una por otra, sino sólo controlar que el criterio adoptado por la Administración tenga su propio consenso y sustentabilidad en el marco de la juridicidad. Ello quiere decir que quien controla no puede imponer su propio punto de vista acerca de lo que es más razonable, sino sólo verificar si el íter lógico y la ponderación ya efectuada por la Administración se ajusta a pautas objetivas aceptables, aun cuando fueren opinables.

De allí que el proceso lógico seguido por la Administración y el juez no sea el mismo, ya que aun cuando a este último no le agrade el criterio adoptado por la Administración discrecional, debe no obstante respetarlo, cuando una vez efectuado el control advierta que, en el consenso objetivo y en el marco de la juridicidad, la solución es razonable.

En el mismo sentido, en un fallo impecable, el juez Carlos Grecco ha sustentado en la causa «Picos»[121] que

En reiteradas ocasiones la sala ha señalado, en situaciones análogas a la compulsada, que las decisiones de la autoridad policial que determinan, sobre la base del informe proporcionado por las Juntas de Calificaciones, la situación escalafonaria del personal con estado policial, resultan de revisión excepcional por el Poder Judicial por cuanto juega en el caso una competencia primaria

---

121.   Cám. Nac. Cont. Adm. Fed., sala I, «Picos, Francisco».

que básicamente opera en un ámbito donde las apreciaciones conjuntas, es decir, de un cúmulo de factores, son de rigor. El progreso, o finalización de la carrera administrativa es, como principio, resorte exclusivo de la autoridad policial que es la que se encuentra en condiciones para valorar los distintos aspectos que, precisamente, determinan la conveniencia o la inconveniencia de que un oficial progrese en la carrera o, por el contrario, deba pasar a otra situación de revista. Por ello es que, salvo hipótesis de manifiesta arbitrariedad, la discrecionalidad propia con la que cuentan en este aspecto las autoridades policiales (discrecionalidad que se debe entender como posibilidad de optar entre alternativas igualmente legítimas dentro de un marco de realización axiológica) impide que el juez sustituya, en orden a sus propias valoraciones, el criterio de la autoridad policial.

Más adelante agrega

Comparto la tesis del recurrente en el sentido de que las circunstancias que provocaron la condena penal no resultan inevitablemente desdorosas para la institución; es más, no puedo silenciar el pesar que me embarga al verificar que un oficial de tan excelentes condiciones profesionales... vea frustrada de tal forma su carrera. Pero éste es sólo mi criterio personal y aquí no se trata del criterio personal del juez sino de aquel que a la autoridad competente corresponde aplicar. Y desde esta perspectiva, de ninguna forma se puede afirmar que el dictamen de la Junta de Calificaciones y la posterior decisión del jefe de la Policía Federal que determinan el pase del actor a situación de retiro obligatorio resulten arbitrarios, sino que constituyen, en todo caso, una de las alternativas legítimas que en el marco de una opción propia cabe establecer.

En la causa «Gallo»[122], también el juez Grecco sostuvo, con relación al retiro del personal policial por razones de servicio, que

su revisión por los jueces es de carácter restrictivo, pues resulta a todas luces evidente que el juez no puede sustituir con su personal criterio cualquier decisión de cualquier poder o, como aquí acontece, de cualquier autoridad administrativa. El juez dice el derecho y el derecho está constantemente definiendo ámbitos de discrecionalidad. La judicialización plenaria tiene un límite y éste es, cabalmente, que los tribunales no pueden invadir los ámbitos de competencia de los demás poderes constitucionales.

En el caso «El Panamericano»[123], la Corte Suprema argentina manifestó que

---

122. Cám. Nac. Cont. Adm. Fed., 5/11/1994, «Gallo v. Estado nacional - Policía Federal».
123. CSJN, 27/5/1982, Fallos, 304:721.

El control judicial de las decisiones discrecionales se limita a corregir una actuación administrativa ilógica, abusiva o arbitraria, pero no implica que el juez sustituya a la Administración en su facultad de decidir. La competencia jurisdiccional es revisora no sustitutiva... La actuación administrativa debe ser racional, justa, igual y proporcional, excluyéndose la arbitrariedad de la discrecionalidad, pero los tribunales no están habilitados para juzgar consideraciones de oportunidad o apreciaciones fácticas y sustituir la decisión administrativa con base en la distinta opinión que el tribunal pudiera sustentar. La crítica del recurrente a los argumentos del *a quo* basados en la ponderación de la ubicación de las estaciones de servicios tomadas como referencia comparativa, vuelve a manifestar su disconformidad con la valoración de la prueba pericial y en tales condiciones resulta insuficiente.

Otro claro fallo de la jurisprudencia nacional respecto de la imposibilidad de sustituir a la Administración es el caso «Caamaño»[124] donde después de fundar la ilegitimidad de la resolución denegatoria de la Lotería Nacional para habilitar una agencia de juego por falta de motivación, el tribunal no condena automáticamente a la Administración al otorgamiento del permiso a fin de no sustituir su zona de reserva. En un voto del juez Grecco dijo que

Los actos de habilitación previstos en el reglamento para la adjudicación y explotación de permisos precarios y agencias oficiales de juego no suponen autorizaciones regladas en las cuales, verificando el cumplimiento de ciertos recaudos, el solicitante adquiere el derecho subjetivo al otorgamiento del acto pertinente, sino que el órgano administrativo dispone de una potestad de apreciación para modular discrecionalmente los distintos aspectos implicados. Por consiguiente, de la nulidad del acto, por ostensible defecto de motivación, no se sigue fatalmente la sustitución por parte del juez del ejercicio de facultades propias de la Administración.

También en el caso «Lepori»[125] se debaten las facultades del juez y de la Administración. No obstante discutirse la validez del concurso de personal por vicios procedimentales, no se hace lugar al reclamo del actor a fin nombrarlo directamente en el cargo ya que no es posible sustituir a la Administración en la valoración previa de los méritos del accionante. En este sentido el voto del juez Tomás Hutchinson expresa fundadamente:

La demandante peticiona su derecho al cargo, o que se condene a la Administración a ascenderlo, en mérito a su capacitación, si bien no cabe duda de que

---

124.   Cám. Nac. Cont. Adm. Fed., sala I, 2/8/1994, «Caamaño», con nota de Sarciat (1996, 27/5/1996).
125.   Cám. Nac. Cont. Adm. Fed., sala IV, 11/8/1989, ED, 10/5/1990.

la actora tiene sólo un derecho a la carrera administrativa, lo cual se explica en la ley 22140 como el derecho a iguales oportunidades en la carrera (art. 15, inc. c). Conviene dejar establecido *a priori* que, así como el juzgamiento de los méritos de los agentes que tienen posibilidades de ocupar un cargo, el nombramiento para cubrir la vacante es una actividad también privativa del Poder Administrador. Por ello la petición de la actora de que se resuelva su derecho a ocupar el cargo excede las potestades del tribunal, pues un pronunciamiento de esa especie llevaría implícito el juzgamiento de los méritos de la accionante lo que es materia privativa del Poder Administrador, sólo revisable *a posteriori* de su ejercicio por éste, si ha habido ilegitimidad en su accionar».

Con expresividad ha manifestado el Tribunal Supremo español[126] que

Hay un núcleo último de oportunidad o conveniencia, allí donde son posibles varias soluciones igualmente justas (o legalmente indiferentes), en el que no cabe sustituir la decisión administrativa por una decisión judicial... esta jurisdicción no constituye un escalón jerárquicamente superior a la Administración que le permita a través de sus resoluciones imponer a los órganos de la misma una determinada línea de actuación en la gestión de los intereses públicos que tiene confiada, ni en la propia organización de los medios materiales destinados a la misma, sino que la misión de los tribunales queda circunscripta a corregir las extraviadas actuaciones administrativas cuando éstas infrinjan el ordenamiento jurídico...lo que no puede hacer la jurisdicción es erigirse en legislador e invadir el ámbito normativo de la Administración.

Consecuentemente, son acertadas las recomendaciones de la Comisión de Derecho Procesal, Constitucional y Administrativo, del XIX Congreso Nacional de Derecho Procesal (Corrientes, agosto de 1997) cuando afirma, receptando la postura de Comadira que «El control del juez en cuanto a la actividad discrecional no puede ser sustitutivo de ésta, porque de lo contrario ello importaría avanzar sobre la división de poderes»[127].

La jurisprudencia española en numerosas oportunidades[128] ha ratificado los límites de la tutela judicial efectiva en el derecho a obtener del juez una respuesta razonada y fundada en derecho a las pretensiones deducidas en el proceso. Es decir que no puede basarse en otros criterios o argumentos. De allí que el control del ejercicio de la discrecionalidad sólo puede ser objeto de contraste con una norma jurídica, no puede fundarse en valoraciones de otro orden o en vagas apelaciones a las soluciones preferibles (Sánchez Morón, 1994, p. 148).

126.   Citada por López Menudo (1996, p. 38).
127.   Ver interesante comentario de Botassi (1998, p. 39).
128.   A partir de la STC 13/1981 del 22 de abril.

Si ello ocurriera, el juez estaría sustituyendo a la Administración en la apreciación de las circunstancias. Como se ha dicho, el juez que controla a la Administración sólo puede actuar a la manera de un administrador negativo: no puede decidir lo que la Administración debería hacer, sino sólo lo que la Administración no puede hacer (Parejo Alfonso, 1993, p. 148 y ss.; Cane, 1987, p. 81).

En el derecho comunitario existe respeto por los juicios técnicos complejos en la medida en que sean plausibles, no pudiendo sustituir a la Administración, correspondiendo su anulación cuando exista, entre otros aspectos, evidente error de apreciación. El caso «Upjohn»[129] se relaciona con una impugnación planteada ante la Corte de Apelaciones británica de la revocación administrativa de una autorización de admisión de un producto farmacéutico para ser comercializado. El fundamento del acto administrativo cuestionado era: la carencia de efecto terapéutico, la nocividad del producto y la falta de explicitación cuantitativa y cualitativa del contenido del remedio.

En dicha oportunidad la Corte europea ha sustentado que: a) el derecho comunitario no prevé un recurso judicial contra las decisiones nacionales que revocan la autorización de comercialización de especialidades medicinales; b) que no puede sustituirse la valoración de los elementos de hecho, y en particular los medios de prueba científica sobre las cuales se ha fundado la decisión administrativa.

Esta sentencia ha sido criticada por el limitado control judicial sobre las cuestiones técnicas, no obstante, el interés público primario que pretende satisfacer en beneficio de la salud de la sociedad. Para la orientación jurisprudencial comunitaria, sólo en caso de error o contradicciones fácticas evidentes, error manifiesto de apreciación o desviación de poder, se puede anular judicialmente el comportamiento administrativo (Protto, 1999, p. 833).

Excepcionalmente, cuando en un caso concreto se comprobara, sin lugar a dudas, que sólo existe una solución viable para el derecho, en los supuestos que la doctrina alemana denomina de reducción de la discrecionalidad *auf null*, sería posible como afirma Sánchez Morón, por razones de economía procesal, que el juez declare en la sentencia el derecho del interesado a una solución determinada y condene a ésta a emitir el acto respectivo (Sánchez Morón, 1994, p. 161 y ss.)[130].

---

129. Corte europea de la Comunidad Económica Europea, Sec. 5ª, 21/1/1999, causa C-120/97, con nota de Caranta (1999, p. 495).
130. Con relación a medidas cautelares positivas y discrecionalidad ver González Varas Ibáñez (1994, p. 100 y ss.); Bacigalupo Saggese 1992, p. 414 y ss.).

Esta particular situación puede excepcionalmente configurarse cuando
se afectan derechos constitucionales o cuando la Administración se abs-
tiene de actuar ante obligaciones legales de imprescindible cumplimiento
para restablecer las situaciones jurídicas conculcadas (García de Enterría,
1980, p. 250).

En cuanto a la potestad de sustitución relacionada con la potestad
discrecional, la jurisprudencia es prudente al señalar que[131]:

> a) Si son posibles varias soluciones, todas ellas lícitas y razonables, únicamente
> la Administración, actuando su potestad discrecional, podrá decidir al respec-
> to. Los tribunales no pueden sustituirla. b) Los tribunales habrán de tomar
> una decisión positiva si la solución se impone ya por razones de coherencia, si
> inequívocamente el asunto conduce a una solución determinada, cuando en
> los autos existe ya base para ello.

En el mismo sentido se ha sustentado[132] que «la sustitución no será
generalmente posible en los supuestos de potestades discrecionales... sin
perjuicio de excepciones... para aquellos casos en los que la coherencia
de la decisión administrativa pueda imponer ya, en virtud de los propios
criterios adoptados discrecionalmente, una única solución... que implica
la desaparición de la discrecionalidad».

Beltrán de Felipe (1995, p. 139) se pregunta si los tribunales pueden
sustituir las decisiones discrecionales de la Administración, y contesta que
«la arbitrariedad no es sino un criterio negativo de control que solamente
se convierte en positivo, permitiendo la sustitución, cuando la densidad
o programación normativa de la decisión sea tal que no quepa más que
una solución».

En el derecho norteamericano no es posible la sustitución judicial
de una decisión discrecional no obstante ser anulada por el juez, pues se
considera que carece legitimidad para ello por su falta de representativi-
dad, de responsabilidad política y de conocimientos técnicos (Schwartz,
1994, p. 614).

Lo mismo sucede en el derecho francés porque aun el control a través
del error manifiesto de apreciación está dentro del control de legitimidad.
Se mantiene inalterado el principio de que no puede haber control judicial si no existe una norma previa que predetermina la conducta administrativa debida.

Generalmente, la Administración responsable en ejecutar la sentencia anulatoria de la decisión administrativa, que por ejemplo anula la

---

131. Trib. Sup. español, 2/4/1991.
132. Trib. Sup. español, 3/12/1993.

adjudicación a quien no presentó la oferta más conveniente, sin necesidad de que el juez ordene la adjudicación al que le sigue en el orden de selección, dicta el acto respectivo cumpliendo con la sentencia, al retirar el acto anulado e inmediatamente disponer la contratación con la oferta que se encontraba en el segundo lugar. En este hipotético caso basta la sentencia anulatoria sin necesidad de que el juez al mismo tiempo sustituya a la Administración. Simplemente le brindó el marco jurídico apropiado para que ella sea quien dicte el acto pertinente cumpliendo con la sentencia.

No obstante, especial cuidado deben tener los tribunales cuando se emiten pronunciamientos condenatorios destinados a vencer la inactividad administrativa, ya que, en principio, no es dable sustituir a la Administración en aspectos de su accionar no reglados expresamente. Incluso, la discrecionalidad en el cuándo o la vinculada con las genéricas habilitaciones de creación de servicios o realización de actividades, no pueden ser convertidos en mandatos concretos ya que podría afectarse la zona de reserva de la Administración.

En definitiva, en principio el juez no puede integrar el contenido discrecional de la actividad administrativa anulada, con la sola excepción de que, con motivo de la anulación, sólo sea posible una solución justa y en las actuaciones judiciales exista base para ello.

Distinto es lo que ocurre cuando existe la posibilidad de la Administración de seleccionar entre dos o más alternativas igualmente válidas para el derecho; en este caso la sustitución no es posible.

La jurisprudencia de Córdoba muestra un claro ejemplo de imposibilidad de sustitución no obstante el control del ejercicio de la discrecionalidad y la nulidad de las actuaciones administrativas. Este criterio ha sido adoptado por el Tribunal Superior de Córdoba[133] donde sobre la base de que la discrecionalidad puede estar en menor o en mayor medida en cualquier elemento del acto administrativo, el juzgador realiza el control del ejercicio de la discrecionalidad al momento de resolver el fondo de la cuestión. En el caso citado se trataba la pertinencia del adicional por riesgo que solicitaba el personal de un hospital psiquiátrico. Se discutía si su correspondencia era de naturaleza discrecional. El Tribunal Superior afirmó que la valoración de lo que son tareas riesgosas no puede efectuarse sobre la base de una apreciación meramente discrecional, sino conforme a pautas técnicas ciertas, objetivas y universales, de lo que deriva la posibilidad del pleno control judicial de la denegatoria administrativa. En

133.   TSJ, Sala CA, «Miranda, Margarita v. Provincia de Córdoba», Sent. 32/97, Jueces: Sesin, Tarditti, Lafranconi; ver también otros casos y comentario en Villafañe (2000, p. 9 y ss.).

esta hipótesis no queda espacio para una valoración discrecional porque no existe elección. Al admitirse sólo una solución como consecuencia de la aplicación de una regla o pauta universal, objetiva, y por ende determinable intelectivamente, todo ello se remite al bloque de lo reglado o vinculado. En cambio, no sucede lo mismo en cuanto a la apreciación del porcentaje que deberá establecer el Poder Ejecutivo ya que la propia norma le da la posibilidad de llegar hasta el cincuenta por ciento del sueldo. Ha menester reconocer un margen de discrecionalidad cuando existen varias soluciones igualmente válidas para el derecho.

En este caso, además de anularse el acto que rechaza el adicional por riesgo solicitado, se condenó a la Administración a emitir un nuevo acto acordando el adicional, pero reconociéndole la potestad discrecional para determinar en un plazo dado el porcentaje del adicional por riesgo a abonar a los trabajadores. Lo que no hizo el tribunal es sustituir directamente a la Administración y establecer por sí el adicional porque ello implica vulnerar la división de poderes y la zona de reserva de la Administración.

Con relación a la potestad sancionadora del Estado, el rigor de los razonamientos puede, excepcionalmente, ser más permisivo en orden a la disminución de la sanción por los jueces en el marco de la interpretación de la ley y la proporcionalidad.

El Tribunal Supremo español[134], excepcionalmente, ha considerado que

> la jurisprudencia viene manteniendo la procedencia de concretar las sanciones administrativas en contemplación de la infracción cometida, graduándolas con el adecuado criterio de proporcionalidad ínsito en los principios ordenadores del derecho sancionador..., correspondiendo a la actividad jurisdiccional no tan sólo la facultad de subsumir la conducta del infractor en un determinado tipo legal, sino también..., adecuar la sanción al hecho cometido, ya que en uno y otro caso se trata de la aplicación de criterios jurídicos plasmados en la norma escrita e inferibles de principios informadores del ordenamiento jurídico sancionador, como son los de congruencia y proporcionalidad entre la infracción y la sanción.

Si bien la jurisprudencia argentina reconoce que la graduación de la sanción, cuando la norma lo permite entre un máximo y un mínimo, comporta una facultad discrecional de la Administración, siendo controlable su proporcionalidad y congruencia, excepcionalmente, los jueces han sustituido una sanción por otra de las legalmente permitidas, especialmente en las cuestiones contravencionales.

---

134. Trib. Sup. español, sala 3, Sec. 6ª, 14/12/1994; Bacigalupo (1997, p. 252).

El brillante voto del juez Coviello en la causa «London Supply S.A.» advierte que si la ley establece la atenuación como una posibilidad discrecional, encuadrada en el ejercicio de cometidos contravencionales, su posterior control judicial sólo estará ceñido a la legalidad o razonabilidad del acto, mas no a la sustitución de una atribución deferida por el ordenamiento sólo a la Administración[135].

Sin embargo, en la causa «Demchenko»[136] la Corte Suprema nacional ratifica el fallo del juez de primera instancia que dispuso la disminución de la multa impuesta a un buque extranjero, por las siguientes razones: no se adecuaba a las circunstancias en que había sido comprobada la infracción, la ausencia de antecedentes y la magnitud de la sanción que implicaba casi el decomiso, dado el valor del buque.

La mayoría de la Corte sustentó: «Que la facultad de graduación de la multa entre el mínimo y el máximo previsto en la ley, no escapa al control de razonabilidad que corresponde al Poder Judicial respecto de los actos de la Administración Pública, incluso cuando se trate de facultades regladas de la Administración (doctrina de *Fallos*, 313:153, entre otros). En modo alguno la discrecionalidad implica una libertad de apreciación extralegal, que obste a la revisión judicial de la proporción o ajuste de la alternativa punitiva elegida por la autoridad, respecto de las circunstancias comprobadas, de acuerdo con la finalidad de la ley... Que en tales circunstancias el control jurisdiccional ha versado sobre aspectos reglados, que hacen a la proporcionalidad entre la medida y la finalidad de prevención y punición de la ley, y no sobre razones de oportunidad o mérito. En autos, la corrección judicial del exceso en la punición no desvirtúa la recta interpretación de la ley federal ni descalifica por arbitrariedad del pronunciamiento recurrido».

Para la Corte Suprema, entonces, en casos excepcionales, relativos al ejercicio de la potestad sancionadora de la Administración, los jueces no sólo pueden invalidar el acto ilegítimo sino también sustituirlo por una sanción inferior. Ello no vulnera la división de poderes ni implica introducirse en cuestiones de oportunidad o mérito, sino que, para la Corte, tal proceder transcurre en el marco de la interpretación de la ley, dentro de lo reglado, relativo a la proporcionalidad de la medida y la finalidad de la norma.

La Corte Suprema argentina excepcionalmente en el denominado caso Q (CSJN 24/04/2012, «Q.C.S.Y.») en una delicada situación de una

---

135.   Pedro Coviello, voto en la causa «London Supply S.A.», como juez de la Cám. Nac. Cont. Adm., (2001-D-419), en el mismo sentido Gusmán (2002).
136.   CSJN, 24/11/1998, «Demcheko, Iván v. Prefectura Naval».

mujer en situación de calle (sin vivienda) y con un hijo menor enfermo, sustituyó a la Administración ordenándole una serie de medidas para garantizar un mínimo existencial. El pronunciamiento fue ampliamente fundado en normas constitucionales y convencionales atento la situación de máxima vulnerabilidad social, lo que constituye una garantía de mínima del derecho fundamental y un límite a la discrecionalidad de los poderes públicos.

Se condenó, en definitiva, al Gobierno de la Ciudad a facilitar a la actora una vivienda adecuada y el tratamiento médico idóneo al menor.

En definitiva, en el nuevo marco constitucional y convencional, con arreglo a principios y valores, en supuestos excepcionales fundados – esencialmente en cuestiones humanitarias- nada impide a la judicatura efectuar el control y aún la sustitución a la Administración cuando el caso no amerite facultades de opción, sino una solución justa.

Si los tribunales tienen contundentes elementos probatorios para determinar cuál es la única solución justa (por ejemplo, en temas de salud) la discrecionalidad se reduce a cero, por lo que corresponde a la Justicia, no solo anular la resolución administrativa, sino también sustituir excepcionalmente a la Administración disponiendo la solución correcta. Requerir la solución a la Administración en estos supuestos, podría implicar no sólo un excesivo rigor formal, sino también una denegación de justicia. En cambio, si de las probanzas y elementos de juicio disponibles no existe la certeza necesaria y se advierte la posibilidad de un margen de apreciación para resolver lo más conveniente, corresponde a la Justicia solo invalidar el acto y condenar a la Administración a dictar la resolución ajustada a derecho[137].

II. RELATIVIDAD DE LA INTERPRETACIÓN, DISCRECIONALIDAD Y LÍMITES DEL CONTROL JUDICIAL

1. *Es a veces difícil deducir una interpretación única*

El término «interpretación» tiene en nuestro lenguaje actual un carácter decididamente relativista, atento a la exagerada amplitud que se le ha conferido. En épocas anteriores era entendido en forma restrictiva: «leer en voz alta para que los otros puedan leer». El juez carecía de margen de libertad frente a la ley: su deber consistía en explicitarla tal cual era.

---

137. En el mismo sentido, Domenech Pascual (2018).

Hoy el abstracto precepto literal de la norma debe enriquecerse con los antecedentes históricos, la realidad social a la cual debe aplicarse, el contexto normativo y los principios lógicos. Los diversos sentidos que puede tener han de resolverse en el marco de una interpretación sistemática, no de conceptos aislados (Puig Brutau, 1980, p. 319 y ss.).

Dice Bobbio (1965, p. 78 y ss.) que

> En verdad, ya nadie cree que las operaciones realizadas por el juez para interpretar el derecho son exclusivamente operaciones lógicas en el sentido estricto de la palabra, es decir, operaciones de deducción de ciertas conclusiones a partir de determinadas premisas; con otras palabras, que la actividad del juez es meramente mecánica o automática. Los juristas y los filósofos del derecho prestan cada vez mayor atención a la presencia manifiesta u oculta, consciente o inconsciente, de los juicios de valor.

En el mismo sentido expresa Radbruch (1965, p. 10) que «la interpretación es una mezcla inseparable entre elementos teoréticos y prácticos, cognoscitivos y creadores, productivos y reproductivos, científicos y supracientíficos, objetivos y subjetivos».

Por su parte, Wróblewski (1985, pp. 35 y 36), designa como interpretación operativa a la que se realiza al tiempo de aplicar una norma como pauta de resolución de un conflicto, expresando que

> Interpretación operativa es la interpretación que se realiza en la aplicación del derecho cuando existen dudas referentes al significado de las reglas a aplicar relevantes para tomar una decisión. En esta situación el órgano que aplica el derecho tiene que determinar el significado en cuestión de manera suficientemente precisa para los fines de la toma de decisión.

Luego, el autor polaco continúa explicando que

> Un modelo de interpretación operativa, en una primera aproximación, tiene que individualizar: a) dudas, como punto de partida de la interpretación; b) uso de directivas interpretativas que implican valoraciones; c) toma de una decisión interpretativa que, eventualmente, es o ha de ser justificada.

Finalmente, concluye aseverando que «Existe, no obstante, una variedad de decisiones interpretativas y su aplicación conduce, a veces, a resultados diferentes».

La incesante búsqueda de mayor certeza, habida cuenta de la presencia de momentos subjetivos en cada etapa de la interpretación, y el papel relevante de quien reproduce el sentido de la norma, promueven el surgimiento de nuevas ideas. Benvenuti (1986, p. 31 y ss.) sugiere unificar las opuestas concepciones: rescata la hermenéutica, que deja de pertenecer sólo a la reflexión teleológica para dar respuestas a la problemática racional científica moderna, clarificando los mecanismos intrínsecos de la comprensión. El autor rechaza la postura del racionalismo crítico, que sólo reconoce la presencia de núcleos semánticos estables, y describe de modo neutral las elecciones políticas de naturaleza eminentemente discrecional; también se opone al puro perfil ideológico y vacilante de algunas posturas interpretativas extremas, compenetradas en demasía con la variabilidad de los efectos políticos y sociales. En síntesis: el lenguaje, la historia, el presente, y la *aplicatio*, forman parte del intento unificador de esta nueva visión que sustenta, en definitiva, la falta de distinción sustantiva entre la interpretación y la discrecionalidad: Benvenuti afirma que existe sólo una diferencia de «medida» dentro de un procedimiento indistinguible. De tal modo, la hermenéutica moderna interpreta el contexto normativo, la reflexión subjetiva del operador, o la tradición histórica y el devenir actual de los acontecimientos.

La intrínseca problematicidad de controlar el proceso dialéctico de la interpretación, la dificultad de verificar acabadamente los procedimientos de la comprensión, la falta de correspondencia ontológica entre la textura del lenguaje y la praxis, entre otros, son elementos que hacen descartar el intento de reconducir a fórmulas prefijadas la lectura de los hechos y de las normas.

Como afirma Larenz (1966, p. 218 y ss.), en muchos casos es imposible mostrar una interpretación o integración como la única correcta; sólo se puede tomar decisiones «relativamente correctas» dice Engisch (1967, p. 171 y ss.), que no dejan de ser fundadas con argumentos racionales. De allí que la teoría alemana califique al razonamiento jurídico como tópico porque se equilibra entre argumentos y contraargumentos.

Según Kelsen, (2000, pp. 351 y 352)

> Si por «interpretación» se entiende la determinación en cuanto conocimiento del sentido del objeto interpretado, el resultado de una interpretación jurídica solo puede ser determinar el marco que expone el derecho por interpretar, y, por lo tanto, el conocimiento de varias posibilidades dadas dentro de ese marco. Por lo tanto, la interpretación de una ley no conduce necesariamente a una solución única, como si se tratara de la única correcta, sino posiblemente a varias, todas las cuales —en tanto son cotejadas solamente con la ley que haya que aplicarse— tienen el mismo valor, aunque solo una de ellas se convertirá en derecho positivo en el acto del órgano de aplicación de derecho...

Si no se pretende descubrir un único significado del orden jurídico, sino el marco dentro del cual el órgano decide, cabe preguntarnos: quién lo rellena, cuál es su contenido y que límites lo condicionan.

Como se puso en evidencia en puntos anteriores, la producción de la norma particular se deja a criterio del órgano competente, en un caso para procurar lo más conveniente al interés comunitario, y en el otro, para hacer justicia en el caso concreto. El único que puede fijar el contenido de la norma superior es quien está llamado a aplicarla. De allí la importancia del operador como vaso comunicante de los diversos niveles del orden jurídico.

El control de la interpretación debe detenerse cuando percibe la presencia del momento intrínseco de la discrecionalidad: la libertad de elección que importa la ponderación de intereses, la apreciación de lo mejor para la sociedad. Cuando la interpretación agote su metodología lógico-racional y no quede otra instancia más que preguntarnos cuál de las vías alternativas es la más conveniente, entramos en la «zona de reserva de la Administración».

2. *La unicidad de solución justa de la metodología interpretativa judicial no siempre es trasladable a la realidad administrativa*

La necesidad de llegar a «una solución justa» para dirimir un conflicto entre partes es característica de la función judicial. Esto implica que, en el área de la actividad administrativa, la opinable y compleja realidad —susceptible de varias vías de resolución— no pueda ser reducida, por el poder el juez, a una única solución justa.

La realidad se presenta tal cual es, y si, por ejemplo, existen varias técnicas idóneas para demoler un inmueble o para llevar adelante un procedimiento de privatización, la misma opinabilidad pasa a formar parte de la proposición jurídica.

El silogismo judicial no es trasladable a la función administrativa. La Administración no está obligada a llegar a una solución justa utilizando sólo las reglas de la interpretación jurídica. Si un hecho, fenómeno o situación no es opinable y admite sólo una solución posible, la aplicación del derecho se impone: el poder del orden normativo prevalece. Pero cuando el hecho, fenómeno o situación es esencialmente opinable, la «elección» que implica la opción de uno u otro camino es de naturaleza discrecional; sólo aquí se presenta como un verdadero poder creativo cuya autodeterminación exclusiva le pertenece. Ello no significa que, al decidir discrecionalmente, la Administración no construya un razonamiento silogístico, sino que éste difiere de la deducción lógica que se realiza cuando la actividad es absolutamente reglada. En este último caso, las normas aplicables establecen la autoridad, el procedimiento y el contenido específico de la resolución. Por el contrario, cuando la actividad no es reglada sino discrecional, las normas fijan la autoridad competente para dictar el acto y el procedimiento a seguir, dejando que la Administración elija entre varias opciones igualmente válidas. Luego, no es que la Administración no construya un silogismo en que la solución final derive de aplicar reglas preestablecidas a un caso, la diferencia estriba en que se deja al criterio administrativo la elección de la solución válida que, aunque normada, no es la única. Considero esencial enfatizar que no se puede elegir cualquier alternativa, sino solamente una de las alternativas válidas y que como la opción es un accionar volitivo, debe estar justificado en razones que tienen que ser forzosamente explicitadas para que el decisorio se exhiba acabadamente fundado.

El hecho o la apreciación «opinable» en derecho administrativo deben ser tratados como tales, aun cuando se relacionen con cuestiones políticas, técnicas, artísticas, urbanísticas, etc. Ni la interpretación jurídica, ni las más refinadas reglas procesales de la sana crítica pueden superar la mencionada opinabilidad, sustentada en la problemática realidad y sus múltiples modos de resolución.

De esta forma juega el armonioso mecanismo de la división de poderes. La opinabilidad en el campo de la Administración Pública da lugar a ponderaciones de los más diversos intereses públicos específicos. Quién mejor que los natos representantes del pueblo, entonces, para completar este marco de libertad con el ropaje ineludible de la juridicidad.

Las apreciaciones de oportunidad, mérito o conveniencia, cuando el propio orden jurídico autoriza, explícita o implícitamente, su concreción por la Administración, no pueden ser revisadas por el juez (falta el parámetro objetivo necesario); ni siquiera con el pretexto de hacer una valoración de justicia, porque implicaría vulnerar la separación de poderes, dado que el propio sistema ordinamental quiere que tal marco de libertad sea integrado por lo que se considere más conveniente o útil (salvo, claro está, el supuesto excepcional de evidente o notoria injusticia). Así, por ejemplo, no es posible controlar con valoraciones de justicia, siguiendo una interpretación jurídica estricta, la conveniencia de hacer una autopista o un hotel internacional.

Con razón dice Schmidt Assmann (1994, p. 407 y ss.), que la discrecionalidad no es algo apenas tolerable en el Estado de Derecho, sino una institución jurídica constitucionalmente reconocida y necesaria, con la que la Administración realiza múltiples prestaciones de adaptación. Destaca nítidamente que el reconocimiento de la flexibilidad como una determinante legítima del proceso decisorio subraya el dogma de la independencia de la Administración dentro del modelo de separación de poderes.

De todo esto se deriva la invalidez de ciertas posturas, que, tratando de imitar el silogismo judicial o la interpretación jurídica, pretenden trasladar la «solución justa» al ejercicio de la función administrativa.

El ordenamiento no puede desconocer la realidad, y aunque no pueda preverla *in totum*, establece los medios idóneos para superar la problemática que genera y determina quién es el responsable para hacerlo.

Admitir la unicidad de solución justa en la praxis administrativa, en todos los casos, es tan disparatado como aceptar el control total absoluto. Este principio adquiere mayor vigor en el propio esquema institucional argentino, ya que por imperio del art. 109 de la Constitución Nacional y concordantes de las constituciones provinciales, sólo el llamado Poder Judicial dirime la controversia entre partes con autoridad de verdad legal. Por tanto, no existen jueces especiales o tribunales administrativos que en nuestro régimen puedan decidir con la validez de una «sentencia». Distinto es lo que sucede con otros países (Francia, Italia, etc.), donde bien sabemos que existen órganos jurisdiccionales dotados de gran independencia funcional, pero que institucionalmente no forman parte del Poder Judicial.

Han surgido —al amparo de tales sistemas— algunas posturas doctrinales que admiten un control total, pero por jueces especiales, que son y no son jueces, son y no son Administración. Aun cuando no lo comparto, reconozco que es más fácil aceptar un mayor control en aquellos ordenamientos.

Nuestro sistema constitucional, en cambio, no admite posturas intermedias: «cada uno a lo suyo» para garantizar un equilibrio armónico de funciones.

El juez no administra intereses, no aprecia la conveniencia, oportunidad o utilidad, no sustituye un juicio opinable por otro igualmente opinable: sólo interpreta jurídicamente el ordenamiento.

Por esta razón, el juzgador utiliza una estrategia distinta de la del mundo científico, técnico y, obviamente, de la del propio accionar administrativo. Esto puede deducirse del positivismo lógico, la hermenéutica como crítica historicista y fenomenológica, la tópica como forma mental del razonar jurídico, y la argumentación como forma específica de la lógica deductiva (García de Enterría, 1985, pp. 28-29; Vierweg, 1964, p. 24 y ss.; Tarello, 1967, p. 665; Gavazzi, 1972, p. 417).

Su preocupación es asegurar un control objetivado en pro de un ideal de certeza. El valor justicia presupone la intuición de una apreciación ideal con pretensiones de universalidad.

3. *La interpretación extensiva que conculca el núcleo discrecional*

En el proceso administrativo, la noción amplia de la «interpretación», comprensiva de ineludibles momentos subjetivos —que en definitiva terminan por desvirtuar la unicidad que caracteriza al silogismo judicial interpretativo—, no puede tener otros móviles que los esencialmente políticos. Sus ideólogos pretenden revertir el escaso y temeroso control judicial que la historia ha puesto en evidencia, propiciando, al contrario, un generoso control judicial de la actividad administrativa por medio de la «interpretación extensiva». Esta postura no sólo puede confundir los límites de la discrecionalidad, e incluso su verdadero contenido, sino que mantenida a ultranza, corre el riesgo de consagrar el gobierno de los jueces.

Se señaló anteriormente que la directiva que autoriza un margen de libertad proveniente del bloque de juridicidad, en un caso se dirige al administrador, y en supuestos excepcionales al juez.

En este último ámbito su manifestación es la interpretación extensiva o la libre convicción, poseedoras, ambas, de indudables momentos subjetivos. Éstos pueden ser necesarios en aquellos casos en que el juez en principio agota el uso de una interpretación objetiva en sentido estricto, pero al no encontrar la solución unívoca, en atención a la opinabilidad del *sub examine*, no tiene otro camino que el de los juicios subjetivos.

No es posible —habida cuenta de lo dicho— modificar la decisión administrativa fundada en el debido ejercicio de la discrecionalidad, invocando la interpretación extensiva realizada por el juez. Si esto ocurriera, implicaría sustituir el criterio opinable del administrador por el no menos opinable del juez, con el agravante de que tal soberbia judicial infringiría el precepto ordinamental que dispuso que el margen de libertad lo completara el poder administrador.

Como reiteradamente he señalado, la discrecionalidad implica una delegación que el propio orden jurídico dispone para que el órgano que ejerce la función administrativa realice una auténtica tarea de integración creativa, para mejor satisfacer los cambiantes intereses de la comunidad a la cual el aparato gobernante sirve, de modo que no existe argumento válido para sustituirla con el pretexto de una interpretación extensiva

4. *A modo de conclusión*

Aunque en los párrafos siguientes modula la contundencia de la aseveración y relativiza su significación, Ross (2002, p. 175) expresa que el término interpretación se utiliza «...para designar la actividad integral del juez que lo conduce a la decisión...».

Consecuentemente, desde esta concepción canónica, al juez se le asigna la función de interpretar la ley —es decir la función de definir el sentido y el alcance de las reglas— juzgando el caso traído a su consideración de acuerdo a lo que —después del proceso hermenéutico— ha sido fijado como pauta resolutoria. Como he señalado a lo largo de este trabajo, esa interpretación es la que corresponde al texto normativo, de modo que aun cuando los conceptos sean indeterminados, parte de los dogmáticos propician la existencia de una única respuesta interpretativa correcta. Con base en esta afirmación, consideran que el juez siempre conoce la solución justa, lo cual implica la potestad de sustituir la voluntad administrativa cuando estima que el modo en que se decidió una medida, un conflicto, una solicitud, no coincide con lo previsto en la regla aplicable debidamente entendida.

Ahora bien, este punto de vista, soslaya que el propio sistema normativo, permite que la Administración —en algunos casos— opte entre varias soluciones igualmente válidas. Consecuentemente, se admite que no hay una única respuesta correcta, que no se está frente a la definición del contenido de conceptos indeterminados que deban definirse unívocamente, sino ante una potestad específica en virtud de la cual la Administración puede elegir, sin que esa elección sea susceptible de reproche u objeción, ni siquiera judicial.

La tesitura planteada no desconoce el control del juez que examinará el ejercicio de la discrecionalidad administrativa en el marco de juridicidad imperante y a tenor de los derechos humanos universalmente consagrados. Tampoco desconoce la obligación administrativa de dar las razones de su obrar explicitando de modo claro, completo y asequible las motivaciones que justifican sus decisiones.

Ello es así, porque la discrecionalidad no es arbitrariedad sino una capacidad de gestión para poner al alcance de los administrados las mejores soluciones de acuerdo a genuinas consideraciones de oportunidad mérito y conveniencia.

Referencias

AARNIO, A. (1979). *Methodologie und Erkenntnistheorie der juristischen Argumentation Beitr„ge des Internationalen Symposions «Argumentation in Legal Science»*. Von 10 bis 12 Dez. Duncker & Humblot GmbHbis.

AARNIO, A. (1989). *Lo racional como razonable*. Centro de Estudios Constitucionales.

ALEXY, R. (1993). *Teoría de los derechos fundamentales*. Centro de Estudios Constitucionales y Políticos.

ALEXY, R. (2003). *Tres escritos sobre los derechos fundamentales*. Universidad Externado de Colombia.

ALEXY, R. (2007). *Teoría de la argumentación jurídica*. Palestra.

ALTAMIRA GIGENA, J. (2019). *Acto administrativo*. (2.ª ed.). Advocatus.

AMORTH, A. (1939). *Il merito dell'atto amministrativo*. Giuffrè.

ANDRUET, A. (1997) Dignidad humana. Intimidad personal. *ED,* (13/5/1997).

ARROYO JIMÉNEZ, L. (2009). *Ponderación, proporcionalidad y derecho administrativo*. INDRET.

ATIENZA, M. (2002). Argumentación jurídica y Estado constitucional. *Ideas y Derecho, (2)*. Rubinzal Culzoni. 153-162.

ATIENZA, M. (2007). *El derecho como argumentación*. Ariel.

AZPURÚA AYALA, R. (1974). Kelsen y su posición fiente al positivismo y la direçción neokantiana. Hans Kelsen, 1881-1973. *Rev. de C. Juríd., Econ. y Soc.* Univ. de Chile.

BACHOF, O. (1955). Beurteilungspielraum, Ermessen und umbestimmter Rechtsbegriff. *Juristenzeitung.*

BACIGALUPO, M. (1992). El sistema de tutela cautelar en el Cont. Adm. alemán tras la reforma de 1991. *Revista de la Administración Pública Española* (128).

BACIGALUPO, M. (1997). *La discrecionalidad administrativa*. Marcial Pons.

BARNES, J. (1994). Introducción al principio de proporcionalidad en el Derecho comparado y comunitario. *Revista de la Administración Pública Española, set.-dic.* (135).

BARRA, R. (1986). *Contrato de obra pública*. Ábaco de Rodolfo Depalma.

BARRA, R. (2006). *Tratado de Derecho Administrativo*. Ábaco de Rodolfo Depalma.

BARRA, R. (2016). El caso «CEPIS»: su trascendencia para el derecho público. *LL, 2016-*(F).

BARRAZA, J. y SCHAFRIK, H. (1997). En torno al sistema de calificaciones previsto para el desempeño de los agentes que revistan en la Administración Pública Nacional. Algunas reflexiones en lo concerniente a su trámite y al procedimiento recursivo establecido al efecto. *RAP Argentina*, 220. Ciencias de la Administración.

BARRESE, M. y BACCI, M. (2000). Contratos Administrativos. Reseña de jurisprudencia del Trib. Sup. Neuquén. *RDA, enero-dic.* (33/35). Depalma.

BEDOYA, L. (1978). Ruina de obra. *Revista de la Construcción y la Vivienda*. Modelos de Información (187).

BELTRÁN DE FELIPE, M. (1995). *Discrecionalidad administrativa y Constitución*. Tecnos.

BENVENUTI, L. (1986). *La discrezionalità amministrativa*. CEDAM.

BERNAL PULIDO, C. (2010). *El neoconstitucionalismo a debate*. Universidad Externado de Colombia.

BERNATZIK, E. (1886). *Rechtsprechung und materielle Rechtskraft*. Scientia.

BETTERMANN, K. (1962). Rechtsgleichheit und Ermessensfreiheit. *Der Staat, 1*.

BIANCHI, A. (1989). El control judicial de la zona interna de la Administración. *LL, 1989*-(C).

BIANCHI, A. (1999). La tarifa de los servicios públicos. *ED (27/8/1999)*.

BIELSA, R. (1947). *Derecho administrativo*. El Ateneo.

BINDI, E. (2016). Test de proporcionalidad en el 'Age of Balancing'. *Revista de Derecho Público, UNED, mayo-agosto*(96).

BOBBIO, N. (1965). *El problema del positivismo jurídico*. (Garzón Valdez Trad.). Universitaria Buenos Aires.

BOHM, W. (1989). La situación espiritual del tiempo presente. *Anales de la Academia de Derecho y Ciencias Sociales de Córdoba*.

BOTASSI, C. (1998). Control judicial de la actividad administrativa discrecional. Revista del Colegio de Abogados de La Plata (59).

BUTELER, A. (2016). *Derecho Administrativo argentino*. Abeledo Perrot.

CALAMANDREI, P. (1961). *Estudios sobre el proceso civil*. Talleres Gráficos Maryprint.

CAMMEO, F. (1902). La competenza di legittimità della IV Sezione e l'apprezaamento dei fatti valutabili secondo criteri tecnici. *Giurisprudenza Italiana* (3).

CAMMEO, F. (1950). *Commentario delle leggi sulla giustizia amministrativa*. Vallardi.

CAMMEO, F. (1960). *Corso di diritto amministrativo*. CEDAM.

CANE, P. (1987). *An Introduction to Administrative Law*. Clarendon Press.

CANNADA-BARTOLI, E. (1964). *La tutela giudiziaria del cittadino verso la pubblica amministrazione*. (2.ª ed.). Giuffrè.

CANOSA, A. (1992). La discrecionalidad administrativa en los concursos docentes: su control. *RDA, año* 4(9-11). Depalma.

CAPACCIOLI, E. (1983). *Manuale di diritto amministrativo*. CEDAM.

CARANTA, R. (1999). *Tutela Giurisdizionale Effettiva delle Situazioni Soggettive di Origine Comunitaria ed Incisivita de Sindacato del Giudice Nazionale*. Giuffrè.

CARINGELLA, F. y PROTTO, M. (2001). Il Nuovo Processo Amministrativo. *Dopo la Legge 21/7/2000* (205). Giuffrè.

CARIOLA, A. (1997). Discrezionalità técnica e imparzialita. *Riv. Diritto Amministrativo, Ec. Dir.*(XII).

CARNELUTTI, F. (1979). *La prueba civil.* Depalma.

CASSAGNE, J. C. (1994). *La intervención administrativa.* Abeledo Perrot.

CASSAGNE, J. C. (1998). *Derecho administrativo.* (6.ª ed.). Abeledo Perrot.

CASSAGNE, J. C. (1999). *El contrato administrativo.* Abeledo Perrot.

CASSAGNE, J. C. (2003). *Fragmentos de Derecho Administrativo, entre la justicia, la economía y la política.* Hammurabi.

CASSAGNE, J. C. (2016). *El principio de legalidad y el control de la discrecionalidad administrativa.* (2.ª ed.). IB de F.

CASSAGNE, J. C. (2021). *Curso de Derecho Administrativo.* (13.ª ed.). La Ley.

CERULLI IRELLI, V. (1984). *Note in tema di discrezionalità amministrativa e sindacato di legittimità.* Rivista Dir. Proc. Amm. (4).

CHAPUS, R. (2000). *Droit Administratif General.* Montchrestien.

CHIERCHIA, P. (1978). *L'interpretazione sistematica della costituzione.* CEDAM.

CINCUNEGUI, J. B. (1996). El mantenimiento de la ecuación económico financiera y la continuidad y regularidad de los servicios públicos. *RAP Argentina. Ciencias de la Administración, sept.*(216).

CINTIOLI, F. (2001). Cap. XVII en CARINGELLA, F. e PROTTO, M. (Ed.) Il Nuovo Processo Amministrativo. *Dopo la Legge 21/7/2000* (205). Giuffrè.

CODACI PISANELLI, G. (1940). *L'invaliditá come sanzione di norme giuridiche.* Giuffrè.

COMADIRA, J. R. (1992). El caso 'Legón': Un fallo reconfortante. *Doctrina Judicial.* LL (mayo).

COMADIRA, J. R. (2000a). La actividad discrecional de la Administración Pública. Justa medida del control judicial. *El Derecho* (29/3/2000).

COMADIRA, J. R. (2000b). *La licitación pública.* Depalma.

COMADIRA, J. R. (2003). *Derecho Administrativo: acto administrativo, procedimiento administrativo, otros estudios.* (2.ª ed.). Lexis Nexis - Abeledo Perrot.

COMADIRA, P. (2020, 22 y 23 de octubre). El principio de proporcionalidad, los reglamentos de necesidad y urgencia y la pandemia [conferencia]. VIII Congreso internacional de abogacía pública, Organizado por la Procuración General de CABA, Ciudad Autónoma de Buenos Aires, Argentina.

CORVALÁN, J. (2016a). *Derecho administrativo en transición.* Astrea.

CORVALÁN, J. (2016b). *Estado Constitucional y división de poderes.* (2.ª ed.). Astrea.

COVIELLO, P. (1996). La denominada zona de reserva de la Administración y el principio de la legalidad administrativa. *RDA,* (23). Depalma.

CRISCUOLI, G. (1981). *Introduzione allo studio del dirittoinglese.* Le Fonti.

174   DOMINGO JUAN SESIN

CUETO RÚA, J. (2000). *Una visión realista del derecho, los jueces y los abogados.* Abeledo Perrot.

DANIELE, N. (1967). Discrezionalità tecnica della pubblica amministrazione e giudice amministrativo. *Scritti in memoria di Antonino Giuffrè,* (III).

DE PETRIS, D. (1995). *Valutazione Ammninistrativa e Discrezionalità Tecnica.* CEDAM. 3.II.

DEL SIGNORE, M. (2000). Il Sindacato del Giudice Ammnistrativo sulle Valutazioni Tecniche: Nuovi Orientamenti del Consiglio di Stato. *Riv. de Diritto proc. amm.*

DESDENTADO DAROCA, E. (1997). *Los problemas del control judicial de la discrecionalidad técnica.* Civitas.

DÍEZ, M. M. (1979). *Derecho administrativo.* Plus Ultra.

DOMENECH PASCUAL, G. (2018) Una teoría económica del control judicial de la discrecionalidad administrativa. *Revista Andaluza de Administración Pública,* (100).

DROMI, J. R. (1995). *Licitación pública.* Astrea.

DWORKIN, R. (1977). *Taking rights seriously.* Cambridge, Massachusetts.

ENGISCH, K. (1967). *Introducción al pensamiento jurídico.* Guadarrama.

ESCOLA, H. (1977). *Tratado integral de los contratos administrativos.* Depalma.

FAVARA, F. (1973). Apprezzamenti tecnici e giurisdizione ordinaria, in relazione al contenzioso doganale. *Rass. Avv., St.*(I).

FELDMAN, M. (1995). Acto administrativo. Control judicial. Actualización de Jurisprudencia. *LL, 1995-*(D).

FERNÁNDEZ, T. R. (1994). *Arbitrariedad y discrecionalidad.* Civitas.

FERNÁNDEZ, T. R. (1994). *De la arbitrariedad de la Administración.* (2.ª ed.). Civitas.

FERNÁNDEZ, T. R. (2015). La discrecionalidad técnica: un viaje fantasma que se desvanece. *Rev. de la Administración Pública Española, enero-abril*(196).

FERRAJOLI, L. (2013). *La democrazia attraverso i diritti.* Editori Laterza.

FIORINI, B. (1948). *La discrecionalidad de la Administración Pública.* Alfa.

FORSTHOFF, E. (1958). *Tratado de derecho administrativo.* Instituto de Estudios Políticos.

GALLEGO ANABITARTE, A. (1985). Prólogo al libro de Mozo Seone. *La discrecionalidad de la Administración Pública en España.* Montecorvo.

GAMBIER, B. (1988). El concepto de oferta más conveniente en el procedimiento licitatorio público (la doctrina de los conceptos jurídicos indeterminados y el concepto jurídico). *LLBA, 1988-*(D).

GARCÍA DE ENTERRÍA, E. y FERNÁNDEZ, T. R. (1980). *Curso de derecho administrativo.* Civitas.

GARCÍA DE ENTERRÍA, E. (1980). *La lucha contra las inmunidades del poder.* Civitas.

GARCÍA DE ENTERRÍA, E. (1985). *La Constitución como norma y el Tribunal Constitucional*. Civitas.

GARCÍA DE ENTERRÍA, E. (1998). *Democracia y control de la Administración*. (4.ª ed.). Civitas.

GARCÍA DE ENTERRÍA, E. y ALONSO GARCÍA, R. (2013). Administración y Justicia: un análisis jurisprudencial. *Liber amicurum Tomás Ramón Fernández*, (1) 2063-2078.

GARCÍA PULLÉS, F. (2004). *Tratado de lo contencioso administrativo*. Hammurabi.

GARCÍA TREVIJANO FOS, J. A. (1974). *Tratado de derecho administrativo*. (3.ª ed.). Revista de Derecho Privado.

GAROFOLI, R. (2019). *Memo Manuale Amministrativo*. (IX edizione). Diritto Editore.

GAUNA, J. (1979). La problemática del control judicial de los actos de la Administración Pública. La teoría de la separación de poderes. *LL, 1979-(C)*.

GAVAZZI, G. (1972). Topica giuridica. *Noviss. Dig. Italiano* (XIX).

GIANNINI, M. (1939). Il potere discrezionale. *Studi di diritto pubblico, 4*. Giuffrè.

GIANNINI, M. (1970). *Diritto amministrativo*. Giuffrè.

GONZÁLEZ VARAS IBÁÑEZ, S. (1994). Problemas procesales actuales de la jurisdicción contencioso-administrativa. Consejo General del Poder Judicial.

GONZÁLEZ, M. (1967). El grado de determinación legal de los conceptos, *Rev. Adm. Públ. Esp.*, (54).

GORDILLO, A. (2017). *Tratado de derecho administrativo*. Macchi.

GRECCO, C. (1980). La doctrina de los conceptos jurídicos indeterminados y su fiscalización judicial. *LL, 1980-D*.

GRECCO, C. (1990). Potestad tarifaria, control estatal y tutela del usuario. *RDA*. sept.-dic.(5).

GUSMÁN, A. (2002). Fronteras del poder discrecional. (Nota a fallo). *La Ley Córdoba*.

GUSMAN, A. (2002). La licitación pública y sus distintas fases en el nuevo régimen de contrataciones administrativas. *RDA*. Lexis Nexis.

HART, H. (2011). *El Concepto de Derecho*. Abeledo Perrot.

HEMPEL, C. (1973). *Filosofía de la ciencia natural*. Alianza.

IGARTÚA SALAVERRÍA, J. (1998). *Discrecionalidad técnica, motivación y control jurisdiccional*. Civitas.

IVANEGA, M. (2010). Control judicial de las decisiones de las universidades. *Revista de Derecho Público, I*(2010-2) Rubinzal Culzoni.

JACCARINO, V. (1933). *Studi sulla motivazione*. Società Editrice del Foro Italiano.

JESCH, D. (1978). *Ley y administración. Estudios de la evolución del principio de legalidad*. Instituto de Estudios Administrativos.

KELSEN, H. (2000). *Teoría Pura del Derecho*. Porrúa.

KRAFT, V. (1967). *Einfhrung in die Philosophie: Philosophie, Weltanschauung, Wissenschaft.* (2.ª ed.). Springer-Verlag.

KRAWIETZ, W. (1972). Unbestimmter Rechtsbegriff, Öffentliches Interesse Und Gesetzliche Gemeinwohlklauseln Als Juristisches Entscheidungsproblem. *Der Staat, 11*(3) 349-366. Duncker & Humblot GmbH.

LA TORRE, M. (1925). *Elementi di diritto amministrativo.* Società editrice libraría.

LARENZ, K. (1966). *Metodología de la ciencia del derecho.* Ariel.

LEDDA, F. (1983). Potere, tecnica e sindacato giudiziario sull'amministrazione pubblica. *Rivista Diritto Processuale Amministrativo.* Giuffrè.

LÓPEZ MENUDO, F. (1996). El control judicial de la Administración en la Constitución española. Discrecionalidad Administrativa y control judicial. *I Jornadas de Estudio del Gabinete Jurídico de la Junta de Andalucía.* Civitas.

LORENZETTI, R. (1997). La acción de amparo para la participación de las asociaciones en el control de los servicios públicos. *LL, 1997-*(A).

LORENZETTI, R. (2006). *Teoría de la decisión judicial. Fundamento de derecho.* Rubinzal-Culzoni.

LORENZETTI, R. (2022). *La sentencia: Teoría de la decisión judicial.* Rubinzal-Culzoni.

LOUG, M.; WEIL, P. y BRAIBANT, G. (1969). *Les grands arrêts de la jurisprudence administrative.* Sirey.

LOUGHLIN, M. (1978). Procedural fairness: a study of the crisis in administrative law theory. *University of Toronto law Journal.*

LUISO, F. (2000). Il Principio del Contraddittorio e Listruttoria nel Processo Amministrativo e Tributario. *Dir. proc. amm.*

MAIRAL, H. (1984). *Control judicial de la Administración Pública.* Depalma.

MARIENHOFF, M. S. (1987). *Tratado de Derecho Administrativo.* Abeledo Perrot.

MARZUOLI, C. (1985). *Potere amministrativo e valutazioni tecniche.* Giuffrè.

MATA, I. (2007). Adjudicación y discrecionalidad. *Cuestiones de contratos administrativos (Homenaje a Julio Comadira).* RAP.

MERRIL, T. (1994). Textualism and the Future of the Chevron Doctrine. *Washington University Law Quartely*, (72).

MILLAS, J. (1970). *Idea de la filosofía. El conocimiento.* Vol. I. Universitaria.

MORENA DEL RÍO, M. (1999). Recursos directos contra las resoluciones del ENRE y Enargas. *El Derecho (13/4/1999).*

MORTATI, C. (1960). *Discrezionalità.* Novissimo Digesto Italiano.

MOSCHETTI, G. (2017). Il principio di proporzionalità come giusta misura del potere nel diritto tributario. *Problemi attuali di Diritto Tributario.* Wolters Kluwer. CEDAM.

MOZO SEOANE, A. (1985). *La discrecionalidad de la Administración Pública en España.* Montecorvo.

MULLER, G. (1971). *Fundamental problems of judicial protection in a democratic constitutional state*. Vol. III. Max Planck.

NIETO GARCÍA, A. (1964). Reducción jurisdiccional de la discrecionalidad en materia disciplinaria. *RAP Española* (44).

OBERMAYER, D. (1963). *Das Verhaltensermessen der Verwaltungsbehrden*. Neuve Jur. Woch.

ORTEGA GUTIÉRREZ, D. (2011). *Los conceptos jurídicos indeterminados en la jurisprudencia constitucional española*. Dykinson.

OSSENBUHL, F. (1968). *Tendenzenund gefahren der neuren Ermessenlehre*. DÖV.

PACE, A. (1975). Diritti fondamentali al di là della Costituzione. *Politica del Diritto*, (1).

PAREJO ALFONSO, L. (1993). *Administrar y juzgar: dos funciones constitucionales distintas y complementarias*. Tecnos.

PÉREZ HUALDE, A. (2002). Renegociación de contratos públicos. *Colección derecho administrativo*. Lexis Nexis - Abeledo Perrot.

PÉREZ OLEA, M. (1972). La discrecionalidad administrativa y su fiscalización judicial. *Revista de Estudios de la Vida Local*, (173).

POUND, R. (1972). *Introduction to the philosophy of law*. Yale University Press.

POUND, R. (1921). *The spirit of the common law*. Marshall Jones Company.

PRESUTTI, E. (1910). *Discrezionalità pura e discrezionalità tecnica*. Giurisprudenza Italiana. (4) 45-47.

PRESUTTI, E. (1931). *Istituzioni di diritto amministrativo italiano*. (3.ª ed.). Giuseppe Principato.

PROTTO, M. (1999). Valutazioni Técniche, Giudici Nazionali e Diritto Cominitario. *Giurisprudenza Italiana*.

PUIG BRUTAU, J. (1980). *Introducción al derecho civil*. Bosch.

QUIROGA LAVIÉ, H. (1985). *Los derechos públicos subjetivos y la participación social*. Depalma.

RADBRUCH, B. (1965). *Introducción a la filosofía del derecho*. (3.ª ed.). Fondo de Cultura Económica.

RANELLETTI, O. (1912). *Principi di diritto amministrativo*. L. Pierro.

RECASÉNS SICHES, L. (1978). *Tratado general de filosofía del derecho*. (6.ª ed.). Porrúa.

REICHENBACH, H. (1953). *La filosofía científica*. Fondo de Cultura Económica.

REUSS, H. (1953). *Das Ermessen*. D. Verw.

RIVERO YSERN, E. y RIVERO ORTEGA, R. (2012). ¿Acaso existe la discrecionalidad técnica? A propósito de la sentencia del Tribunal Supremo del 19 de julio de 2010 en GARCÍA ENTERRIA E. y ALONSO GARCÍA R., *Administración y Justicia: un análisis jurisprudencial. Liber amicurum Tomás Ramón Fernández, 1*.

RODRÍGUEZ ARANA, J. (2011). Jurisdicción contencioso administrativa. Derechos fundamentales y principios rectores de la política económica y social. *El Derecho, mayo-*(11).

RODRÍGUEZ DE SANTIAGO, J. M. (2000). *La ponderación de bienes e intereses en el derecho administrativo.* Marcial Pons.

ROSS, A. (2005). *Sobre el derecho y la justicia.* Eudeba.

RUPP, H. (1973). Ermessesspielraum und Rechtsstaatlichkeit. *Neuve Jur. Woch.* Tbingen.

SÁINZ MORENO, F. (1976). *Conceptos jurídicos, interpretación y discrecionalidad administrativa.* Civitas.

SALA, G. (1993). L'ecceso di potere ammnistrativo dopo la legge. *Diritto Amministrativo, 2.*

SAMMARTINO, P. (2012). *Amparo y Administración.* Abeledo Perrot.

SÁNCHEZ AGESTA, L. (1959). *Derecho político.* Librería Prieto.

SÁNCHEZ MORÓN, M. (1994). *Discrecionalidad administrativa y control judicial.* Tecnos.

SÁNCHEZ MORÓN, M. (1994). Siete tesis sobre el control judicial de la discrecionalidad administrativa. *Cuadernos de Derecho Judicial.* Consejo General del Poder Judicial.

SANDULLI, A. (1979). *Manuale di diritto amministrativo.* (12.ª ed.). Jovene Editore.

SANTIAGO, A. (2020, 22 y 23 de octubre) El control judicial de constitucionalidad de las políticas públicas [conferencia]. VIII Congreso internacional de abogacía pública, Procuración General de CABA, Ciudad Autónoma de Buenos Aires, Argentina.

SAPORITO, G. (2001). Cap. XVIII en CARINGELLA, F. e PROTTO, M. (Ed.) Il Nuovo Processo Amministrativo. *Dopo la Legge 21/7/2000* (205). Giuffrè.

SARCIAT, D. (1996). Aplicación de la doctrina de los conceptos jurídicos indeterminados. *LL, suplemento de Derecho Administrativo* (27/5/1996).

SATTA, F. (1980). *Introduzione ad un corso di diritto amministrativo.* Padova.

SCALIA, A. (1989). *Judicial Deference to Administrative Interpretation.* Duke Law Journal.

SCHMIDT-ASSMANN, E. (1994). *Innovation und Flexibilitat des Verwaltungshandelns.* Baden Baden.

SCHMIDT-ASSMANN, E. (2003). *La teoría general del derecho administrativo como sistema.* Marcial Pons.

SCHMIDT-SALZER, J. (1968). *Der Beurterlungsspielraum der Verwaltungsbehrden.* Duncker & Humblot.

SCHMITT, C. (1958). Verfassungsrechtliche Aussatze aus den Jahren. *1924-1954. Materialen zueiner Verfassungslehre.*

SCHWARTZ, B. (1979). *Le droit aux États-Unis, une création permanente.* Monduzzi.

SCHWARTZ, B. (1994). Administrative Law Cases During 1993. *Administrative Law Review.*

SESIN, D. J. (1994). *Administración pública. Actividad reglada, discrecional y técnica: nuevos mecanismos de control judicial.* Depalma.

STEIN, F. (1893). *Das private Wissen des Richters: Untersuchungen zum Beweisrecht beider Prozesse.* C.L. Hirschfeld.

TARELLO, E. (1967). Gli argumenti retorici dei giuristi nell'interpretazione giuridica. *Riv. Dir. Civ. Italiana.*

TAWIL, G. (1993). *Administración y justicia.* Depalma.

TEZNER, F. (1924). *Das Freie Ermessen Verwaltungsbehorde.* F. Deuticke.

TOCQUEVILLE, A. (1951). *De la démocratie en Amérique.* Gallimard.

TRAVIESO, F. (2002). Control judicial de la discrecionalidad administrativa y los juicios técnicos en el marco de los concursos académicos. *RDA, año 14.* Lexis Nexis - Depalma.

ULE, K. (1964). La ley del 21 de enero de 1960, reguladora de la jurisdicción contencioso-administrativa en Alemania. *DA, 1964-(73).*

URRUTIGOITY, J. (1994). La retribución en los servicios públicos. *AA.VV. Los servicios públicos.* Depalma.

VANOSSI, J. (1976). *Teoría constitucional.* Depalma.

VARAS ESPEJO, M. (1962). *Elementos de una visión cultural del derecho.* Universitaria.

VIEHWEG, T. (1964). *Tópica y jurisprudencia.* Díez-Picazo (Trad.) Taurus.

VILLAFAÑE, L. (2000). *Código Contencioso Administrativo de Córdoba.* Atenea.

VIRGA, P. (1957). *Appunti sulla cosiddetta discrezionalità tecnica.* Jus.

VITTA, C. (1948). *Diritto amministrativo.* (3.ª ed.). E. Casetta.

VIVOLI, G. (1997). Régimen jurídico del ajuste de las tarifas de gas natural por variaciones en el precio de gas comprado. *RAP Argentina. Ciencias de la Administración, oct. (229).*

VON ARNAULD, A. (2000). *Die norm theoretische Begründung des Verhältnismäßigkeitsgrundsatzes.* JuristenZeitung (JZ).

WRÓBLEWSKI, J. (1985). *Constitución y Teoría General de la Interpretación Jurídica* (Azurza. A. Trad.) Civitas.

ZACCARDI, G. (1985). *Spunti critici su dieci anni di giurisprudenza dei Tribunale Amministrativi Regionali.* Giuffrè.

ZANOBINI, G. (1924). *L'attività amministrativa nella legge.* Riv. Diritto Pubblico Italiano.

Índice onomástico

Aarnio, Aulis: 49, 76.

Alexy, Robert: 51, 132, 133, 138-145.

Altamira Gigena, Julio: 15 n.

Amorth, Antonio: 29 n.

Andruet, Armando: 90 n.

Arroyo Jiménez, Luis: 133.

Atienza, Manuel: 139-144.

Azpúrua Ayala, Ricardo: 74.

Bachof, Otto: 46.

Bacigalupo, Mariano: 48, 77 n, 78 n, 94, 113, 123, 160.

Barnes, Javier: 134, 135.

Barra, Rodolfo: 43 n, 98, 115.

Barraza, Javier: 78.

Barrese, María Julia: 105 n.

Bedoya, Luis: 109.

Beltrán de Felipe, Miguel: 48, 123, 158.

Benvenuti, Luigi: 23, 163, 164.

Bernal Pulido, Carlos: 51.

Bernatzik, Edmund: 41.

Bettermann, Karl August: 41.

Bianchi, Alberto: 109, 110, 148 n, 149.

Bielsa, Rafael: 31.

Bindi, Elena: 131.

Bobbio, Norberto: 163.

Bohm, Wimfried: 63.

Botassi, Carlos Alfredo: 156 n.

Buteler, Alfonso: 15.

Calamandrei, Piero: 74, 127.

Cammeo, Federico: 24-27.

Cane, Peter: 157.

Cannada-Bartoli, Eugenio: 30.

Canosa, Armando: 85.

Capaccioli, Enzo: 30.

Caranta, Roberto: 157 n.

Caringella, Francesco: 152.

Cariola, Agatino: 34.

Carnelutti, Francesco: 127.

Cassagne, Juan Carlos: 14, 30, 33, 43 n, 45, 98, 109, 114, 133.

Cerulli Irelli, Vincenzo: 23, 33.

Chapus, René: 48.

Chierchia, Pietro Merola: 128.

Cincunegui, Juan Bautista: 109, 110.

Cintioli, Fabio: 71, 152 n.

Codaci Pisanelli, Giuseppe: 27.

Comadira, Julio Rodolfo: 13, 14, 34, 72, 99, 101, 106 n, 149, 150, 156.

Comadira, Pablo: 135 n.

Corvalán, Juan Gustavo: 48, 51, 114, 132.

Coviello, Pedro José Jorge: 13, 52, 132, 147, 161.

Criscuoli, Giovanni: 66.

Cueto Rúa, Julio César: 145.

Daniele, Nicola: 28, 29.

De Petris, Daria: 34.

Del Signore, Mónica: 71.

Desdentado Daroca, Eva: 81 n, 93.

Díez, Manuel María: 30, 99.

Domenech Pascual, Gabriel: 162 n.

Dromi, José Roberto: 98.

Dworkin, Ronald: 121, 138.

Engisch, Karl: 164.
Escola, Héctor Jorge: 99.

Favara, Franco: 32.
Feldman, Marcelo: 83 n, 88 n, 92 n.
Fernández, Tomás Ramón: 43,47, 86, 87, 123.
Ferrajoli, Luigi: 138.
Fiorini, Bartolomé: 30.
Forsthoff, Ernst: 124.

Gallego Anabitarte, Alfredo: 19 n, 84 n.
Gambier, Beltrán: 43 n, 93 n, 98.
García de Enterría, Eduardo: 43 n, 46, 47 n, 49, 67, 114, 128, 129, 158, 167.
García Pullés, Fernando: 43 n.
García Trevijano, José Antonio: 29.
Garofoli, Roberto: 135 n.
Gauna, Juan: 129.
Gavazzi, Giacomo: 167.
Giannini, Massimo Severo: 29–31, 126,
González Varas Ibáñez, Santiago: 157 n.
González, Martín: 44.
Gordillo, Agustín: 30.
Grecco, Carlos: 33, 43 n, 89 n, 109, 153-155.
Gusmán, Alfredo: 43 n, 48 n, 101 n, 104, 161 n.

Hart, Herbert Lionel Adolphus: 49, 121.
Hempel, Carl Gustav: 75.

Igartúa Salaverría, Juan: 48, 72, 95.
Ivanega, Miriam M.: 82.

Jaccarino, Vittorio: 27.
Jesch, Dietrich: 46.

Kelsen, Hans: 49, 164.
Kraft, Viktor: 63.
Krawietz, Werner: 47 n.

La Torre, Michele: 27.
Larenz, Karl: 75, 164.
Ledda, Franco: 32.
López Menudo, Francisco: 37 n, 156 n.
Lorenzetti, Ricardo: 124, 125, 138.
Loug, Marcel: 44.
Loughlin, Martin: 66.
Luiso, Francesco: 71.

Mairal, Héctor: 68 n, 129.
Marienhoff, Miguel S.: 19 n, 30.
Marzuoli, Carlo: 25, 33.
Mata, Ismael: 45.
Merril, Thomas: 67.
Millas, Jorge: 63.
Morena del Río, María: 66 n.
Mortati, Costantino: 30.
Moschetti, Giovanni: 135, 136.
Mozo Seoane, Antonio: 19 n, 43 n, 84 n, 97.
Muller, Gebhard: 130.

Nieto García, Alejandro: 94 n.

Obermayer, Dieter: 28.
Ortega Gutiérrez, David: 58, 60 n.
Ossenbühl, Fritz: 47 n.

Pace, Alessandro: 136.
Parejo Alfonso, Luciano: 48, 113, 123, 153, 157.

Pérez Hualde, Alejandro: 109.

Pérez Olea, Manuel: 45.

Pound, Roscoe: 125.

Presutti, Errico: 25-27, 79.

Protto, Mariano: 152, 157.

Puig Brutau, José: 163.

Quiroga Lavié, Humberto: 43 n.

Radbruch, Gustav: 163.

Ranelletti, Oreste: 27.

Recaséns Siches, Luis: 126.

Reichenbach, Hans: 75.

Reuss, Hermann: 47 n.

Rivero Ortega, Ricardo: 30.

Rivero Ysern, Enrique: 30.

Rodríguez Arana, Jaime: 146.

Rodríguez de Santiago, José María: 134, 135.

Ross, Alf: 168.

Rupp, Hans Heinrich: 26.

Sáinz Moreno, Fernando: 41, 42, 43 n, 47, 53.

Sala, Giovanni Antonio: 34.

Sammartino, Patricio Marcelo: 15.

Sánchez Agesta, Luis: 123.

Sánchez Morón, Miguel: 48, 83 n, 98, 156, 157.

Sandulli, Aldo: 28, 29.

Santiago, Alfonso: 135 n.

Saporito, Guglielmo: 71.

Sarciat, Diego Alberto: 52 n, 155 n.

Satta, Filippo: 44.

Scalia, Antonin: 67.

Schafrik, Fabiana Haydeé: 78.

Schmidt-Assmann, Eberhard: 54, 138, 166.

Schmidt-Salzer, Joachim: 42 n.

Schmitt, Carl: 129.

Schwartz, Bernard: 67, 129, 158.

Sesin, Domingo Juan: 14, 16, 107 n, 132, 159 n.

Stein, Friedrich: 69.

Tarello, Giovanni: 167.

Tawil, Guido: 43 n, 66, 70 n, 78, 78 n, 84 n.

Tezner, Friedrich: 30 n, 42.

Tocqueville, Alexis: 128.

Travieso, Florencio: 85.

Ule, Karl: 97, 113.

Urrutigoity, Javier: 109.

Vanossi, Jorge: 129.

Varas Espejo, Miguel: 128.

Viehweg, Theodor: 167.

Villafañe, Liliana: 159.

Virga, Pietro: 28.

Vitta, Cino: 27.

Vivoli, Graciela: 109.

Von Arnauld, Andreas: 135.

Wróblewski, Jerzy: 163.

Zaccardi, Giovanni: 30 n.

Zanobini, Guido: 127.